少儿趣味田径运动

主　编　张贵敏
副主编　杨　丹

人民体育出版社

图书在版编目（CIP）数据

少儿趣味田径运动/张贵敏主编. -- 北京：人民体育出版社，2015（2023.9重印）
ISBN 978-7-5009-4814-8

Ⅰ.①少… Ⅱ.①张… Ⅲ.①少年儿童—田径运动—教材 Ⅳ.①G82

中国版本图书馆CIP数据核字(2015)第089687号

*

人民体育出版社出版发行
环球东方（北京）印务有限公司印刷
新 华 书 店 经 销

*

787×1092　16开本　13.5印张　287千字
2015年7月第1版　2023年9月第7次印刷
印数：10,501—12,000册

*

ISBN 978-7-5009-4814-8
定价：35.00元

社址：北京市东城区体育馆路8号（天坛公园东门）
电话：67151482（发行部）　　邮编：100061
传真：67151483　　　　　　　邮购：67118491
网址：www.psphpress.com

（购买本社图书，如遇有缺损页可与邮购部联系）

前　言

少儿趣味田径运动是由国际田径联合会推广的一项适合于少年儿童的田径运动。2006年，国际田联地区发展中心·北京开始在我国推广。虽然北京和其他地区做了很多推广工作，但在国内还没有专门的著作和教材出版。为此，2009年由沈阳体育学院组织北京体育大学、上海体育学院和西安体育学院等单位组成联合编写组着手撰写这本《少儿趣味田径运动》。这期间，由于各种原因，几近束之高阁，但最终难以推却各界的需求，遂几易其稿，终于杀青。

本书是国内第一部关于少儿趣味田径运动的教材，它以少年儿童身心发展和技能发展特点为主线，以少儿田径运动项目的设计创编与选择、少儿田径运动教学范例为重点，以国际田联少儿田径运动比赛的组织和场地器材为主，以少儿田径指导员的培训为辅，较为完整地呈现了少儿趣味田径运动理论、技术和方法，使其能满足学校体育教学的实际需要。

本书适合高等院校体育教育专业学生，以及中小学体育教师和少儿田径运动指导员培训使用，由沈阳体育学院主持编写，张贵敏任主编，杨丹任副主编。各章节执笔者分别为：张贵敏（第一章第一、三节）、杨丹（第一章第二、四、五节和第三、六章）、吴瑛（第二章）、孙海兰（第四章第一、二、六节）、龙跃玉（第四章第三、四、五节）、孙楠、李铁录、赵文姜和章碧玉（第五章）。全书由张贵敏、杨丹编纂定稿。

由于首次编写此类书籍，可供参考借鉴的材料又很少，加上我们的经验和能力有限，书中难免有疏漏和不妥之处，恳请专家同仁批评指正。

本书在编写过程中得到了沈阳体育学院、北京体育大学、上海体育学院和西安体育学院等单位的大力支持和帮助。书中第三章的插图由沈阳体育学院研究生焦华一同学绘制，照片由张贵敏教授拍摄，参与拍照的学生有王臣、马梓峰、孙明唱、王瑜曼、王一冰、门继英等，在此对以上单位和人员深表谢意，对给予支持、鼓励，使本书得以完成的各位朋友表示诚挚的感谢。

编者
2015年3月

目 录

第一章 概述 …………………………………………………………………（1）
 第一节 少儿趣味田径运动的内涵与特点 ……………………………（1）
  一、少儿趣味田径运动的内涵 …………………………………………（1）
  二、少儿趣味田径运动的特点 …………………………………………（3）
   （一）培养少儿运动的多功能性 ………………………………………（3）
   （二）促进身体发育和提高身体素质的全面性 ………………………（4）
   （三）教学组织的灵活性 ………………………………………………（4）
   （四）场地和器材较强的选择性 ………………………………………（5）
 第二节 少儿趣味田径运动的起源与发展 ……………………………（5）
  一、少儿趣味田径运动的起源 …………………………………………（5）
   （一）开展少儿趣味田径运动的背景 …………………………………（5）
   （二）少儿趣味田径运动的起源 ………………………………………（6）
  二、少儿趣味田径运动的发展 …………………………………………（7）
   （一）国际少儿趣味田径运动的发展 …………………………………（7）
   （二）国内少儿趣味田径运动的发展 …………………………………（8）
   （三）少儿趣味田径运动在我国的推广培训活动 ……………………（9）
 第三节 少儿趣味田径运动开展的基本原则 …………………………（11）
  一、少儿趣味田径运动的组织原则 ……………………………………（11）
   （一）充分调动少儿参与的积极性 ……………………………………（11）
   （二）强调少儿的集体意识 ……………………………………………（12）
   （三）方便组织，富有实效 ……………………………………………（12）
  二、少儿趣味田径运动的内容设置原则 ………………………………（12）
   （一）内容选择涵盖所有身体活动 ……………………………………（12）
   （二）内容设计的主题是促进健康 ……………………………………（12）
   （三）体现相互影响的团队多样化项目合作 …………………………（12）
   （四）设计项目有一定刺激性 …………………………………………（13）
   （五）整体设计要简便易行 ……………………………………………（13）
  三、少儿趣味田径运动的操作原则 ……………………………………（13）
   （一）因地制宜 …………………………………………………………（13）
   （二）合理分组 …………………………………………………………（13）

  （三）灵活掌握 ……………………………………………………………（13）
  （四）循序渐进 ……………………………………………………………（14）
 四、少儿趣味田径运动器材设计原则 ………………………………………（14）
  （一）器材的设计和制作要确保安全 …………………………………（14）
  （二）器材的选用要量力而行 …………………………………………（14）
  （三）器材的颜色要有吸引力 …………………………………………（14）
第四节 少儿趣味田径运动的有关研究 ……………………………………（14）
 一、从世界田径运动面临的问题看少儿趣味田径运动的发展 …………（15）
 二、国际田联对少儿趣味田径运动的发展规划 …………………………（15）
 三、国际上对少儿趣味田径运动研究的结果 ……………………………（16）
 四、有关少儿早期专项化训练的主要观点和研究进展 …………………（17）
第五节 少儿趣味田径运动发展的任务与前景 ……………………………（18）
 一、少儿趣味田径运动发展的任务 ………………………………………（18）
  （一）积极宣传、大力推广少儿趣味田径运动 ………………………（18）
  （二）加快教师队伍培训，为少儿趣味田径运动开展提供人才支持
    ……………………………………………………………………（18）
  （三）推进少儿趣味田径运动课程建设，不断完善符合国情的课程
    体系 ………………………………………………………………（19）
  （四）加快少儿趣味田径运动课程实验试点单位工作的进程 ………（19）
  （五）大胆探索和创新将为少儿趣味田径运动的深入发展和广泛普及
    奠定基础 …………………………………………………………（20）
 二、少儿趣味田径运动的前景 ……………………………………………（20）
  （一）将为提高少儿体质发挥重要作用 ………………………………（20）
  （二）将为学校体育增添新内容 ………………………………………（20）
  （三）将进一步拓展田径运动的适应领域 ……………………………（21）

第二章 少儿成长期的特点 ……………………………………………（22）

第一节 少儿的身体发育特点 ………………………………………………（22）
 一、人体的生长发育基本特点 ……………………………………………（22）
  （一）各系统发育非衡性特点 …………………………………………（23）
  （二）身体形态生长发育特点 …………………………………………（23）
  （三）身体机能发育特点 ………………………………………………（24）
  （四）生长发育的早熟和晚熟 …………………………………………（26）
 二、少儿不同年龄阶段的生长发育特点 …………………………………（26）
  （一）9~10岁年龄阶段 …………………………………………………（26）
  （二）11~12岁年龄阶段 ………………………………………………（27）

（三）13~15 岁年龄阶段 ……………………………………………………… (27)
第二节　少儿心理特点 ……………………………………………………………… (27)
　一、少儿的认知心理特点 ………………………………………………………… (27)
　　（一）感知能力的特点 ………………………………………………………… (27)
　　（二）注意的特点 ……………………………………………………………… (28)
　　（三）记忆的特点 ……………………………………………………………… (28)
　二、少儿的情感、意志特点 ……………………………………………………… (29)
　　（一）情感特点 ………………………………………………………………… (29)
　　（二）意志特点 ………………………………………………………………… (29)
　三、少儿的个性心理特点 ………………………………………………………… (30)
　　（一）动机与兴趣特点 ………………………………………………………… (30)
　　（二）个性特点 ………………………………………………………………… (31)
第三节　少儿身体素质发展敏感期的特点 ………………………………………… (32)
　一、敏感期 ………………………………………………………………………… (32)
　二、身体素质发展的特点 ………………………………………………………… (33)
　　（一）力量素质发展的特点 …………………………………………………… (33)
　　（二）速度素质发展的特点 …………………………………………………… (34)
　　（三）耐力素质发展的特点 …………………………………………………… (34)
　　（四）柔韧性素质发展的特点 ………………………………………………… (35)
　　（五）灵敏性和协调性素质发展的特点 ……………………………………… (35)
第四节　少儿运动技能学习的特点 ………………………………………………… (35)
　一、技能的基本特征 ……………………………………………………………… (36)
　　（一）技术与技能 ……………………………………………………………… (36)
　　（二）封闭式与开放式技能 …………………………………………………… (36)
　　（三）简单性与复杂性运动技能 ……………………………………………… (36)
　二、技能学习的基本特点 ………………………………………………………… (37)
　　（一）开始阶段（思考阶段——拟定要做什么） …………………………… (37)
　　（二）中级阶段（学习阶段——找出做的方法） …………………………… (38)
　　（三）高级阶段（熟练阶段——完成技能） ………………………………… (38)
　三、技能教学的方法 ……………………………………………………………… (39)
　　（一）简单性技能的教学方法 ………………………………………………… (39)
　　（二）复杂性技能的教学方法 ………………………………………………… (39)
　四、少儿趣味田径运动技能教学的特点 ………………………………………… (41)
　　（一）建立广泛的运动技能 …………………………………………………… (41)
　　（二）重视运动技能的相互转移 ……………………………………………… (41)
　　（三）重视专项特殊能力的培养 ……………………………………………… (42)

第三章 少儿趣味田径运动项目的设计与选择 (43)

第一节 少儿趣味田径运动项目的设计 (43)

一、少儿趣味田径运动项目设计的原则 (43)
  (一) 保持基本技术正确的原则 (43)
  (二) 安全性原则 (44)
  (三) 从实际出发原则 (44)
  (四) 趣味性原则 (44)
  (五) 渐进性原则 (45)
  (六) 创新性原则 (45)

二、少儿趣味田径运动项目设计的方法 (45)
  (一) 设计项目要考虑的影响因素 (45)
  (二) 项目设计与改编方法 (47)

三、少儿趣味田径运动项目设计的要求 (47)

四、少儿趣味田径运动项目设计的步骤 (48)

五、注意事项 (48)

第二节 少儿趣味田径运动项目的选择 (49)

一、国际田径联合会推广的少儿趣味田径项目 (50)

二、项目的选择 (50)
  (一) 年龄的划分 (51)
  (二) 项目选择的基本依据 (51)

三、少儿趣味田径各年级组的项目 (51)

第三节 不同年龄段少儿趣味田径运动项目设计实例与选择方法 (52)

一、1~2年级组走的设计与选择方法 (52)

二、不同年龄段少儿趣味田径跑类项目设计与选择方法 (55)
  (一) 少儿趣味田径跑类项目设计、选择形式与要求 (55)
  (二) 1~2年级组少儿趣味田径跑类项目的设计与选择方法 (56)
  (三) 3~4年级组少儿趣味田径跑类项目的设计与选择方法 (61)
  (四) 5~6年级组少儿趣味田径跑类项目的设计与选择方法 (66)

三、不同年龄段少儿趣味田径跳类项目的设计与选择方法 (71)
  (一) 少儿趣味田径跳类项目的设计与选择方法 (71)
  (二) 1~2年级组少儿趣味田径跳类项目的设计与选择方法 (71)
  (三) 3~4年级组少儿趣味田径跳类项目的设计与选择方法 (75)
  (四) 5~6年级组少儿趣味田径跳类项目的设计与选择方法 (79)

四、不同年龄段少儿趣味田径投掷类的项目设计与选择方法 (83)
  (一) 少儿趣味田径投掷类项目的设计与选择方法 (83)
  (二) 1~2年级组少儿趣味田径投掷类项目设计与选择方法 (83)

（三）3~4年级组少儿趣味田径投掷类项目设计与选择方法 ………… （87）
　　（四）5~6年级组少儿趣味田径投掷类项目的设计与选择方法 ……… （91）
　　（五）初中阶段少儿趣味田径项目的设计与选择 ……………………… （95）
　五、少儿趣味田径运动组合练习的设计与选择方法 ……………………… （96）
　　（一）少儿趣味田径运动组合类项目练习的设计与选择 …………… （96）
　　（二）组合练习的设计与选择方法 …………………………………… （97）

第四章　少儿趣味田径运动的教与练 ……………………………………… (102)

第一节　少儿趣味田径运动教学原则 ……………………………………… (102)
　一、全面发展原则 …………………………………………………………… (102)
　　（一）基本含义 …………………………………………………………… (102)
　　（二）基本依据 …………………………………………………………… (102)
　　（三）贯彻原则的要求 …………………………………………………… (103)
　二、兴趣先导、实践强化原则 ……………………………………………… (103)
　　（一）基本含义 …………………………………………………………… (103)
　　（二）基本依据 …………………………………………………………… (103)
　　（三）贯彻原则的要求 …………………………………………………… (103)
　三、合理组织与有效控制相统一原则 ……………………………………… (104)
　　（一）基本含义 …………………………………………………………… (104)
　　（二）基本依据 …………………………………………………………… (104)
　　（三）贯彻原则的要求 …………………………………………………… (104)
　四、从实际出发原则 ………………………………………………………… (104)
　　（一）基本含义 …………………………………………………………… (104)
　　（二）基本依据 …………………………………………………………… (105)
　　（三）贯彻原则的要求 …………………………………………………… (105)
　五、多样性原则 ……………………………………………………………… (105)
　　（一）基本含义 …………………………………………………………… (105)
　　（二）基本依据 …………………………………………………………… (105)
　　（三）贯彻原则的要求 …………………………………………………… (106)

第二节　少儿趣味田径教与练的步骤与方法 ……………………………… (106)
　一、少儿趣味田径教学步骤 ………………………………………………… (106)
　　（一）初级阶段 …………………………………………………………… (106)
　　（二）中级阶段 …………………………………………………………… (107)
　　（三）高级阶段 …………………………………………………………… (108)
　二、少儿趣味田径的教学方法 ……………………………………………… (109)
　　（一）模仿教学法 ………………………………………………………… (109)
　　（二）讲解法（语言法） ………………………………………………… (109)

（三）直观法（示范法) ··· (110)
　　（四）塑造法（完整教学法) ·· (110)
　　（五）链接法（分解法) ·· (110)
　　（六）预防与纠正错误动作 ·· (111)
三、少儿趣味田径练习步骤与方法 ··· (111)
　　（一）少儿趣味田径练习步骤 ·· (112)
　　（二）少儿趣味田径练习方法 ·· (112)

第三节　少儿不同年龄段跑的基本技能、技术要求与教学练习重点 ········· (119)
一、1~2 年级少儿跑的基本技能要求与教学练习重点 ······························· (119)
　　（一）基本技能要求 ··· (120)
　　（二）教学练习重点 ··· (120)
二、3~4 年级少儿跑的基本技能要求与教学练习重点 ······························· (122)
　　（一）基本技能要求 ··· (122)
　　（二）教学练习重点 ··· (122)
三、5~6 年级少儿跑的基本技能要求与教学练习重点 ······························· (123)
　　（一）基本技能要求 ··· (123)
　　（二）教学练习重点 ··· (123)

第四节　少儿不同年龄段跳的基本技能、技术要求与教学练习重点 ········· (124)
一、1~2 年级少儿跳的基本技能要求与教学练习重点 ······························· (125)
　　（一）基本技能要求 ··· (125)
　　（二）教学练习重点 ··· (125)
二、3~4 年级少儿跳的基本技能要求与教学练习重点 ······························· (127)
　　（一）基本技能要求 ··· (127)
　　（二）教学练习重点 ··· (128)
三、5~6 年级少儿跳的基本技能要求与教学练习重点 ······························· (128)
　　（一）基本技能要求 ··· (129)
　　（二）教学练习重点 ··· (129)

第五节　少儿不同年龄段投的基本技能、技术要求与教学练习重点 ········· (130)
一、1~2 年级少儿投的基本技能要求与教学练习重点 ······························· (130)
　　（一）基本技能要求 ··· (130)
　　（二）教学练习重点 ··· (131)
二、3~4 年级少儿投的基本技能要求与教学练习重点 ······························· (132)
　　（一）基本技能要求 ··· (132)
　　（二）教学练习重点 ··· (133)
三、5~6 年级少儿投的基本技能要求与教学练习重点 ······························· (134)
　　（一）基本技能要求 ··· (134)
　　（二）教学练习重点 ··· (134)

第六节 少儿趣味田径运动课的综合设计范例 …………………… (135)
  一、少儿趣味田径运动课设计的依据 ………………………… (135)
  二、少儿趣味田径运动教学课设计范例 ……………………… (136)
    (一) 6~8岁（1~2年级）少儿趣味田径教学设计 …………… (136)
    (二) 9~10岁（3~4年级）少儿趣味田径教学设计 ………… (140)
    (三) 11~12岁（5~6年级）少儿趣味田径教学设计 ………… (146)

第五章 少儿趣味田径运动竞赛组织与场地器材 …………… (151)

第一节 少儿趣味田径运动竞赛设计 ……………………………… (151)
  一、少儿趣味田径竞赛项目特点 ……………………………… (151)
  二、少儿趣味田径竞赛设计目标 ……………………………… (151)
  三、少儿趣味田径竞赛项目设计原则 ………………………… (152)
    (一) 健康性原则 ……………………………………………… (152)
    (二) 集体参与原则 …………………………………………… (152)
    (三) 激励性原则 ……………………………………………… (152)
  四、少儿趣味田径竞赛分组 …………………………………… (152)

第二节 少儿趣味田径竞赛的组织 ………………………………… (153)
  一、组织流程 …………………………………………………… (153)
  二、裁判员的设置 ……………………………………………… (154)
  三、结果发布 …………………………………………………… (155)
  四、竞赛表格 …………………………………………………… (155)
    (一) 跑类项目表格 …………………………………………… (155)
    (二) 田赛项目表格 …………………………………………… (156)
    (三) 记分牌 …………………………………………………… (156)
  五、器材配置 …………………………………………………… (157)
  六、场地布局 …………………………………………………… (158)
  七、确保安全 …………………………………………………… (159)

第三节 少儿趣味田径比赛成绩的测量与评分 …………………… (159)
  一、少儿趣味田径计分方法 …………………………………… (160)
  二、跑类项目评分 ……………………………………………… (160)
  三、田赛项目评分 ……………………………………………… (160)
  四、田赛项目测量 ……………………………………………… (160)
  五、最终排名 …………………………………………………… (160)

第四节 少儿趣味田径竞赛裁判方法 ……………………………… (161)
  一、跑类项目裁判方法 ………………………………………… (161)
    (一) 短跑/跨栏跑对面接力 …………………………………… (161)
    (二) 短跑/越障碍/绕杆对面接力 …………………………… (162)

（三）跨栏跑 ·· (163)
　　（四）8分钟耐力跑 ·· (164)
　　（五）速度渐进的耐力跑 ·· (164)
　　（六）1000米耐力跑 ··· (166)
　　（七）一级方程式 ··· (167)
　　（八）格子跑 ··· (168)
　　（九）短跑/跨栏接力跑 ·· (169)
二、跳跃项目裁判方法 ··· (170)
　　（一）立定跳远接力 ··· (170)
　　（二）十字跳 ··· (170)
　　（三）跳绳 ·· (171)
　　（四）限区域三级跳 ··· (172)
　　（五）撑竿跳远 ··· (173)
　　（六）精确跳远 ··· (174)
　　（七）短距离助跑跳远 ·· (175)
　　（八）短距离助跑三级跳 ··· (176)
三、投掷项目裁判方法 ··· (176)
　　（一）掷少儿标枪 ··· (176)
　　（二）跪姿投掷 ··· (177)
　　（三）障碍投准 ··· (177)
　　（四）旋转投掷 ··· (178)
　　（五）后抛实心球 ··· (179)
　　（六）掷少年标枪 ··· (180)
　　（七）掷少年铁饼 ··· (181)

第五节　少儿趣味田径运动的器材与场地 ··· (182)
一、少儿趣味田径运动器材与场地的设计原则 ·································· (182)
　　（一）符合7~12岁年龄少儿的身心特点 ································· (182)
　　（二）具有明显的田径运动属性 ·· (182)
　　（三）具有较广泛的灵活性和适用性 ······································ (183)
　　（四）具有趣味性和安全性 ·· (183)
二、国际田联少儿趣味田径运动的标准器材与场地 ···························· (183)
　　（一）国际田联少儿趣味田径运动标准器材的特点 ····················· (183)
　　（二）国际田联少儿趣味田径运动的标准器材配备 ····················· (184)
　　（三）国际田联少儿趣味田径运动的场地要求 ··························· (184)
三、自行设计制作少儿趣味田径运动的器材与场地 ···························· (186)
　　（一）自行设计制作少儿趣味田径运动器材与场地的可能性 ········· (186)
　　（二）因地制宜设计的少儿趣味田径运动场地示例 ···················· (186)

（三）自行制作的少儿趣味田径运动器材示例 …………………………… (187)

第六章　少儿趣味田径指导员的基本素质与技能 …………………………… (190)

第一节　少儿趣味田径指导员应具备的基本素质 …………………………… (190)

　一、少儿趣味田径指导员应具备的基本素质的核心——对少儿趣味田径的
　　　正确理解 ………………………………………………………………… (190)

　二、正确的政治方向和敬业精神 ……………………………………………… (191)

　　（一）"教书育人"是少儿趣味田径指导员的首要职责 ………………… (191)

　　（二）崇高的理想和远大的目标 …………………………………………… (191)

　　（三）要树立坚定的事业心 ………………………………………………… (192)

　三、良好的职业道德和为人师表 ……………………………………………… (192)

　　（一）良好的职业道德 ……………………………………………………… (192)

　　（二）为人师表 ……………………………………………………………… (192)

　四、与时俱进，终身学习，确立自己的教学观点 …………………………… (193)

　　（一）与时俱进，终身学习 ………………………………………………… (193)

　　（二）确立自己的教学观点 ………………………………………………… (193)

　五、培养良好的心理品质 ……………………………………………………… (194)

　　（一）良好的个性倾向 ……………………………………………………… (194)

　　（二）健康的情感 …………………………………………………………… (194)

　　（三）坚强的意志 …………………………………………………………… (195)

　　（四）和谐的人际关系 ……………………………………………………… (195)

第二节　少儿趣味田径指导员的基本技能 …………………………………… (195)

　一、田径教学的知识与技能 …………………………………………………… (195)

　　（一）掌握教育学、教育心理学的基本知识 ……………………………… (195)

　　（二）过硬的教育教学能力 ………………………………………………… (196)

　　（三）熟练掌握理论教学的基本教材与确立自己基本的学术观点 …… (196)

　　（四）熟练掌握少儿生理心理知识，正确运用少儿运动技能形成规律等
　　　　　知识 …………………………………………………………………… (197)

　二、较强的组织能力和一定的教研能力 ……………………………………… (197)

　　（一）组织教学的能力 ……………………………………………………… (197)

　　（二）组织课外活动的能力 ………………………………………………… (197)

　　（三）较强的教研能力 ……………………………………………………… (197)

　三、较强的田径运动业余训练工作的技能 …………………………………… (198)

　四、社会工作能力 ……………………………………………………………… (198)

参考文献 ………………………………………………………………………… (199)

第一章 概 述

少儿趣味田径运动是为了培养少儿参与田径运动的兴趣，学习田径运动的最基本的动作，发展基本运动能力，提高少儿身体素质而在我国推广的一种新的田径运动形式。它由国际田径联合会地区发展中心·北京负责在我国的推广工作，并因其自身具有鲜明的特点而受到各层次教育部门的重视，因而在我国已得到较好的推广。

第一节 少儿趣味田径运动的内涵与特点

田径运动是体育运动中最基础的项目，在人类社会中一直发挥重要作用。目前，青少年的健康发展已成为世界各国关注的重要问题，鉴于田径运动在青少年成长过程中所具有的特殊功能，在国际田联的推动下，少儿趣味田径运动得到发展。

一、少儿趣味田径运动的内涵

少年儿童是国家的未来，"少年强则国强"，广大青少年身心健康、体魄强健、充满活力是一个民族旺盛生命力的体现，是社会文明进步的标志，是表现国家综合实力的重要方面之一。青少年处于生长发育期，也是各项身体素质发展的敏感期，在学校体育，特别是中小学体育中占据重要地位。田径运动素有"运动之母"之称。根据中小学生的生理和心理特点，少儿趣味田径运动以满足少年儿童的健康运动需要、促进未来田径运动发展为指导思想，是针对少年儿童的身体和心理特点设计的一套融健身性、趣味性、竞争性和教育性为一体的田径运动项目。

少儿趣味田径运动以田径运动项目的基本运动形式为载体，它所体现的技术是通过田径运动的走、跑、跳、投运动基本技能得以实现，以高度、远度和时间评价运动效果。所不同的是，第一，少儿趣味田径运动使用的场地器材源于竞技田径运动，但又有很大区别，更适合少儿。第二，少儿趣味田径运动不过多地强调技术的规范性、完整性和单个动作的实效性，在通过练习提高运动的基本技能和提高身体素质的同时，可通过团队组织形式，鼓励集体合作，培养少年儿童团结协作精神。第三，少儿趣味田径运动以不同的运动内容组合形式出现，通过项目新颖的创编组合，培养少年儿童运动兴趣。少儿趣味田径运动在特定时间和区域内进行活动，所设计的活动的内容使参与者一直处于活跃气氛中，既能取得强健体魄的效果，又能达到促进心理全面

发展的目的。其内容的设计以少儿的不同年龄阶段为基准，针对性较强，并以保证每个少儿都能够接受和参与为原则。

少儿趣味田径运动所采用的器材安全、易普及、易制作，配以激发少儿激情的图案和颜色，把少儿好动、好奇、好胜和求知的欲望融入田径运动之中，在活跃的组织形式下，参与者可以在有一定空间的室内、外任何地方进行活动，使他们在健康和自我成就等方面受益。从少儿趣味田径运动的组成结构来看，它既包括以各种体育设施、体育场所及相关物体为客观载体的物质部分，又包含抽象的体育意识、体育文化以及各种组织方法的精神部分。

少儿趣味田径运动项目通常按年龄组来划分，但根据少儿的实际情况和需要，也可以选择其他组别的项目。少儿各年龄组的练习项目要在适合各年龄组身心特点的基础上，覆盖面要广，形式多样且有一定的针对性。一般各年龄组可参加的比赛项目如表1-1所示。

表1-1　各年龄组比赛项目表

类别	年龄组（岁）	7~8	9~10	11~12
跑类项目	短跑/跨栏跑对面接力	×○	×	
	格子跑	×○	×	
	短跑/跃障碍/绕杆对面接力		×○	×
	短跑/跨栏接力跑			×○
	短跑接力			×○
	一级方程式	×○	×○	×
	跨栏跑			×○
	8分钟耐力跑	×○	×	
	速度渐进的耐力跑		×○	×
	1000米耐力跑			×○
跳类项目	撑竿跳远		×○	×
	沙坑撑竿跳远			×○
	短距离助跑三级跳			×○
	立定跳远接力	×○	×	×
	十字跳	×○	×	×
	短距离助跑跳远			×○
	限区域三级跳	×○	×	×
	精确跳远		×○	×
投类项目	障碍投准	×○	×	
	掷远（标枪、铁饼）	×	×○	×○
	跪姿投掷	×○	×	×
	后抛实心球		×○	×
	旋转投掷		×○	×

注：×为推荐可参与项目；○为推荐比赛项目。

二、少儿趣味田径运动的特点

与竞技体育的田径项目相比较，少儿趣味田径运动具有功能性强、素质提高全面、基本运动技能简化、教学组织灵活、可参与性强、器材设施简单等特点，更适合在少儿阶段开展。

（一）培养少儿运动的多功能性

体育课教学是学校教育的重要组成部分，学校体育中的田径项目是最基础的项目。少儿趣味田径运动能发挥田径运动的功能，促进成长发育期的少儿的肌肉、骨骼、神经系统和循环系统机能完善，提高身体素质；促进掌握人体运动的基本能力，增强体魄，增进身体健康；培养学生的意志品质，养成不断战胜自我的性格；使少儿具有勇敢、顽强、坚毅和拼搏进取的精神；具有敢于面对现实、迎接挑战、克服困难的良好心理素质，实现教育功能。

组织少儿趣味田径运动活动时，多以团队合作、强调集体性为前提，促进集体主义行为的养成，提高少儿的竞争意识。少儿参与其中，只有保持良好的心态、积极的情绪和较强的社会适应能力才能完成学习任务，才可以领略和体会少儿趣味田径运动所带来的乐趣，才能和同伴一起分享运动的快乐，建立和加深与同伴之间的情感，一起培养和提高集体荣誉感、责任感等社会情感。与此同时，在这种互动过程中，对少儿良好个性的形成也起到了促进作用。从少儿趣味田径运动组织目标层面的特点可以明显看出，其着重突出的是集体性，即团队合作是少儿趣味田径的基本原则。

学校体育是学生终身体育的基础。运动兴趣的培养以及运动习惯、参与意识的养成是促进其自主学习和终身坚持锻炼的前提。少儿趣味田径运动所针对的对象是学校内 7~12 岁的少儿，这个群体是祖国的未来，会对家庭和社会产生潜移默化的传播效应。当这些少儿接触了趣味化的田径运动项目，他们会把自身的愉悦、健康的感受告诉给周边的人群，少儿的这种从事田径运动的真情流露是最有效的宣传。

少儿参与趣味田径运动还可以使其心境保持平静，转移自己的忧虑和挫折情绪的注意力。由于团队合作的原因可使少儿的紧张情绪得到缓解，并能使受挫后产生的不良情绪得到迅速恢复与平衡。同时，在积极参与活动的过程中，由于经常得到老师和同伴的表扬和鼓励，增强了他们的自尊心和自信心。参与少儿趣味田径运动还可以充分激发其在运动过程中的主动性和创造性，唤起其学习动机和竞争热情，最终达到享受运动、享受快乐的身心融合境界。

同时，少儿通过这些项目的练习，可以掌握人类生存和参与其他体育活动的基本运动技能，为他们日后的生活奠定坚实基础。作为竞技体育大项的田径运动，通过少

儿趣味田径运动的开展，可为其发展培养大批后备人才。促进少儿运动能力的发展，可很好地取得社会功能以利其融入社会。同时，又培养了少儿的田径兴趣，感受了田径文化，并为其自我实现奠定了基础。

（二）促进身体发育和提高身体素质的全面性

体育锻炼是促进生长发育和增强体质的重要手段。在合理的营养条件下，系统地、合理地进行体育锻炼对身体的生长发育具有明显的促进作用。特别是少儿，因为他们正处于快速生长发育阶段，各组织器官在结构和功能上具有很大的发展潜力和可塑性。科学的体育锻炼能增强新陈代谢，促进运动器官的发育，而且能全面增强大脑皮质和全身各系统及器官的健康生长。少儿趣味田径运动由跑、跳、投等基本身体活动组合而成，这些活动简便易行，对人体的刺激以及适应效果的不断积累，会改进人体的形态和机能，这对促进人体的发展和增强素质有着不可或缺的重要意义。少儿时期是发展人的跑、跳、投等基本技能的关键时期，通过少儿趣味田径运动的良好锻炼，少儿可以拥有强壮的身体，并为其获得更好的运动技能打下坚实的基础。

人的身体素质主要表现为速度、力量、耐力、灵敏和柔韧性。田径运动项目能有效地提高人体所需要的这些运动素质，如短跑提高速度、投掷提高力量、跳跃提高灵敏性、长跑提高耐力等，有些项目还能同时提高几种素质，因此有"各项运动的基础"之称。开展此项运动是全面提高身体运动素质的最基础也是最主要的手段。人类的基本运动形式包括走、跑、跳和投，田径运动是以这些运动为基础构成单一或组合的运动项目。以田径运动项目为基础的少儿趣味田径运动，通过有效的组织编排，在活动的过程中，由少儿完成简化的、基础的走、跑、跳、投动作，或将这些动作加以串联组合，依据少儿年龄特点，形成一套完整的练习内容，均可较全面地提高身体素质。

（三）教学组织的灵活性

课堂开展少儿趣味田径运动，教师与学生双方同处于不断交流的活跃气氛中，教师的组织与学生的练习具有较大的灵活性。由于此活动对不同年龄组的可选择余地大，教师经常要根据学生的实际情况安排练习。少儿趣味田径运动强调团队精神，在组织活动时，可以男女混合组成团队，使少儿均有机会参与到活动之中。例如：组织安排跑类项目比赛时，既可以接力也可以团队形式出现；跳跃和投掷项目比赛时，同样可以团队中每个成员的成绩之和来评定。可以说，在提高所有成员积极性的同时，组织安排的随机性也较大。少儿趣味田径运动项目结构和评分简单，可以团队名次为基础，只需要很少的协助人员和裁判员。运动技能可参照年龄和协调能力因素，每个少儿都能参加所有的活动项目，从而能有效避免早期专项化。

（四）场地和器材较强的选择性

少儿趣味田径运动通常是在活动范围较宽阔的室外和室内进行，有较大的空间，能保证活动过程中的安全。在一般学校里，很容易选择到可安排少儿趣味田径运动的场地，或者说，现有的场地均可适用于少儿趣味田径运动活动的开展。场地一般不要求特殊设计，有足够且平坦的活动空间即可。因此，在安排少儿趣味田径运动时，一般学校都不会受到场地的限制，而且不会增加场地的新投入。器材的选择与制作也同样以安全为基础。在器材的重量、形状、颜色和材质上适合少儿使用，既可保证安全，又可对儿童有更大的吸引力和亲和力。器材基本是塑料、泡沫、纸和木棒制成，有条件的可选用厂家生产的器材，不具备条件的学校可因地制宜，选用废弃的材料自己制作。

第二节　少儿趣味田径运动的起源与发展

少儿趣味田径运动是世界田径运动发展过程中出现的新生事物，它为少儿更好地参加田径运动提供了新方法、新思路。随着少儿趣味田径运动在我国的广泛开展，必将推动我国田径运动的发展。

一、少儿趣味田径运动的起源

（一）开展少儿趣味田径运动的背景

20世纪90年代以来，世界各地参加田径运动的少儿人数不断下降，田径人口不断萎缩，很多少儿远离田径场，失去了对田径运动的兴趣。因此，国际田联一直在寻求某种新媒介来推动国际范围内少儿田径运动的发展，设计适合少儿广泛参与的田径运动项目，使田径运动成为少儿学习、交流、提高的舞台。

国际田联在世界范围内，对少儿参与田径运动开展现状进行了全面系统的调查，结果发现传统田径项目正面临着巨大的挑战，少儿参加田径运动的人数、积极性等都在下降，产生这种结果的主要原因：一是开展少儿田径运动实践活动的国家较少，这里既有组织机构的职能问题，也有项目本身的动作技术过于复杂、竞赛规则过于苛刻，还有对开展田径运动成本估计偏高等问题。二是已开展少儿田径运动的国家存在两种单一现象，即参与运动的少儿单一和开展的田径运动项目单一，这一点主要体现在个别国家开展的少儿田径运动只注意优秀运动员或只关注少儿早期专项化的实际需要。三是在田径运动领域，因为经济发展水平以及政治氛围的不同，很多国家无法开展少儿田径运动，这主要受其软、硬件不利条件的双重制约，既缺少必要的师资力量，又无法提供必要的场地器材。四是田径运动给少儿留下的印象并不理想。据调查，世界各地很多少年儿童被号称"运动之母"的田径运动项目笼罩在难度高、令人厌烦和过时等不良印象中。如此一来，田径运动难以激发少儿的兴趣，更难以让他们从中获得成就感。因此，改变田径运动的内容、形式、场地、器材等已经成为刻不容缓的责任。

世界范围内少年儿童体质下降和运动能力弱化，也是呼唤田径运动改革的主要因素之一。在过去的20年里，少儿身体状况和动作能力的总体弱化已经引起了全球的普遍关注。少儿日常身体活动减少，运动能力下降，直接导致了少年儿童患有肥胖症的人数增多。

在我国，有关部门从1984年起进行了多次全国青少年体质健康调查，结果显示：我国学生耐力素质在20年间持续下降，速度、爆发力和力量素质成阶段性下降，超重与肥胖检出率也呈现不断增加的态势，学生健康状况不容乐观。2006年9月，由国家体育总局、教育部等10个部门联合进行的全国第二次国民体质检测结果显示：在我国学生身高、体重、胸围增长的同时，超重与肥胖检出率继续增加，成为影响学生健康状况的一大因素。与2000年相比，中小学生的视力不良率均有所上升；各年龄组学生的肺活量水平持续下降；速度、爆发力、力量、耐力素质进一步下降。

近些年，随着我国学校体育的变革，田径课程的学时、内容发生了较大变化。很多学校片面追求学生的兴趣，大量削减了田径课的时数，删除了一些田径课的项目和内容。原本体育课开展不足的状况，又淡化了有效的体育课内容，从而成为导致青少年体质下降的又一原因。造成田径运动弱化的其他重要因素，包括学校重视不够、运动场地缺乏、安全措施无保证等，妨碍了田径运动正常教学的开展。另一个重要原因来自田径运动自身的项目特点和对项目的认识问题。多年来，由于学校体育中的田径课程以竞技项目为主，学生、教师双方的积极性不高、教学组织管理和场地设备等原因，严重阻碍了田径课的开展。

田径运动是运动的基础，是提高人体运动能力和身体素质的重要手段。因此，为吸引更多的少儿重新回归田径场，彻底改善他们的体质，提高健康水平，以适应少儿身心发展的需要和激发动机为出发点，从为少儿提供有吸引力、易于参与且具有教育性的田径运动项目入手，重新阐释田径运动的概念，推出一套具有可行性和系统性的少儿趣味田径运动势在必行。

（二）少儿趣味田径运动的起源

"少儿趣味田径"最早起源于德国，原英文名称为"fun athletics"，即趣味田径，后来经国际田联反复论证并加以规范，决定在全球范围内推广，并称为"kids' athletics"。2001年，国际田联工作小组设计并规范了少儿趣味田径比赛。2005年国际田联为7~

15岁青少年制定了国际田径运动发展的政策和方针。这项政策具有两个目的：一是在世界范围内使田径运动成为学校里参加人数最多的单项运动；二是世界各地的少儿以最有效的方式进行锻炼，为他们将来在田径运动方面的发展做准备。

"国际田联少儿趣味田径"所涉及的内容由国际田联专家进行开发、组织规范并实施，主要是针对7~15岁少儿的身体和心理特点，按划分的年龄组别，选用合适的成套器械设计的具有娱乐性、趣味性和竞争性的田径活动形式。这套系统而完整的田径项目力图把激情融入田径运动之中，并以有趣的组织活动和团队比赛项目使少儿可以在体育场、操场、健身房等任何地方参与短跑、耐力跑、跳跃和投掷等基本活动，从而提高他们的身体素质和运动技能，通过"趣味化"的"田径游戏"活动方式使少儿在健康、教育、自我成就方面受益。

国际田联推广少儿趣味田径的举措，拓展了中小学田径运动的概念，权威性地解决了中小学体育所面临的安全性、趣味性、场地器材等难题。

二、少儿趣味田径运动的发展

在少儿中开展趣味化的田径运动，人们已经达成了共识。目前，无论是国际田联还是各国的体育工作者，都在从制度建设、项目开发、运动竞赛等几个方面积极推进少儿趣味田径运动的发展。

(一) 国际少儿趣味田径运动的发展

1. 《国际田联青少年发展规划》的制定

国际田联为了使更多的青少年重新回到田径场，重新喜欢田径运动，以增加田径运动的基础人口，在2000年制定了《国际田联青少年发展规划》，并推出了趣味性的田径运动，旨在以灵活有趣的田径运动形式，吸引青少年参加田径锻炼。2003年，国际田联意识到田径运动针对少儿的发展所展现的健康娱乐、团结合作、运动技能等教育潜力，决定支持所有负责少儿教育的机构和团体，即确立"国际田联青少年项目"。目前这个"项目"在全球五大洲30多个国家和地区开展。

2. 少儿趣味田径运动操作形式的游戏化

少儿趣味田径运动的最大特点是游戏化，将趣味性、教育性和竞争性融为一体，通过游戏来引导、培养、激发少儿积极的心理倾向，并使其身心教育寓于游戏之中。同时，在一定规则制约下进行游戏活动使少儿获得各种学习与体验的机会，这是少儿生活的重要组成部分，也是少儿成长的铺垫和台阶。

为推广少儿趣味田径运动，国际田联在如下几个重要方面进行了相应的调整。

(1) 运动技术趋向简单化。由于人体发育原因导致的身体素质的差异，使少儿（7~15岁）不可能像成年人一样完成田径运动技术动作，因此，国际田联推广少儿趣味田径运动的第一步是将运动技术进行简单化处理，以利于少儿感受田径运动的真情实感。

(2) 运动器械的"软式化"。国际田联在关于运动器械规格方面的调整具体体现在"软式化"上，即通过减轻器械重量、缩短器械长度、改变器械材质等手段，大大降低了原有项目的技术难度，达到易于掌握的目的，同时保证少儿从事田径运动的安全性。例如，少儿趣味田径运动的很多器械都是由轻质、柔软的泡沫材料制成。

(3) 竞赛规则的多样化。国际田联关于少儿趣味田径运动规则的制定是建立在前两者调整的基础上。从某种意义说，规则是竞赛的尺子，国际田联针对少儿开展趣味田径运动所进行的规则调整呈现出一种多样化，各种比赛既能展示个人的运动能力，又需要团队的配合与协作，对参赛队伍的数量、人数等都没有非常严格的规定，保证了参与者的积极性。可以说，现行的趣味性田径运动规则能使少儿适应田径运动技术和学习条件的要求，并增加活动的乐趣和增进学习效果，轻而易举地实现了按年龄分组、人人参与、灵活多样、团队合作、共同分享等目标。

3. 少儿趣味田径运动竞赛

目前，国际田联已经在世界上很多国家和地区推广了少儿趣味田径运动，如美洲的墨西哥、秘鲁、阿根廷；亚洲的中国、日本、韩国、新加坡；欧洲的法国、意大利、比利时，以及非洲的突尼斯、摩洛哥、埃及等30多个国家和地区。为进一步推动少儿趣味田径运动，国际田联正在拟订在未来举行以趣味田径项目为内容的首届世界少年奥运会，并且已经得到国际奥委会的认同。可以展望，不久的将来，国际少儿趣味田径运动必将蓬勃发展。

（二）国内少儿趣味田径运动的发展

少儿趣味田径运动在我国发展中经历了自我发展、引进消化、不断完善等不同阶段。

长期以来，我国学校体育中有很多教师致力开发田径的健身功能，选择适合少年儿童的田径内容进行教学，出版了《趣味田径运动》，在田径运动娱乐化方面进行了积极的探索。还有许多教师结合学生的身心特点、兴趣爱好，结合田径运动项目进行体育教学，起到了增强学生体质和发展学生运动能力的作用，取得了一些成果。

鉴于国际田联总部制定和推出的少儿趣味田径项目，系统地解决了当前青少年体育教学和训练中所面临的诸多难题，在欧美等发达国家的教育机构中广泛采用，成为当今世界权威的、科学的少儿体育教育解决方案，因此，我国于2006年全面引进国际田联少儿趣味田径项目,并积极组织推广。

教育部和国家体育总局都十分重视少儿趣味田径运动的开展。目前,少儿趣味田径运动在我国已由国际田联北京地区发展中心、中国田径协会、中国教育学会联合推广。2009年5月,中国田径协会成功举办了"少儿趣味田径运动会"。从2010年到2014年,国际田联地区发展中心·北京和相关部门已联合举办了4届全国少儿趣味田径运动会(图1-1、图1-2)。

图1-1　2010年鸟巢杯全国少儿趣味田径运动会

图1-2　2011年鸟巢杯全国少儿趣味田径运动会

为了推广少儿趣味田径运动,国内首先从北京周边地区陆续开设实验学校。目前,国内各地已经设立了几十所实验学校,这些学校还得到了国际田联的奖励和资助。

(三) 少儿趣味田径运动在我国的推广培训活动

为了丰富中小学体育教育教学内容,快速推动少儿趣味田径运动的广泛开展,在国际田联地区发展中心·北京和相关部门的支持下，少儿趣味田径运动的推广已经采用培训少儿趣味田径运动讲师、指导员和少儿趣味田径运动展示比赛两方面活动。

第一，少儿趣味田径运动讲师培训。少儿趣味田径运动的讲师培训由国际田径联合会地区发展中心·北京组织，每年组织一次，或每两年组织一次在北京集中培训。培训讲师由国际田径联合会指派，国际田联少儿趣味田径运动项目的负责人——Malek 负责培训工作。培训的对象为韩国、朝鲜、日本、泰国、新加坡、越南和我国等东南亚国家和地区的优秀的体育教师或负责青少年体育发展的负责人。培训时间一般为一周。目前，已组织了近 10 次国际田联少儿趣味田径运动讲师培训，培训讲师近百人，其中，我国接受培训的讲师有十几人，但获得国际田联少儿趣味田径运动讲师正式证书的仅有 5 人。

第二，少儿趣味田径运动指导员培训。少儿趣味田径运动指导员培训是由国际田联少儿趣味田径运动的推广机构负责组织或提供支持，由获得国际田联少儿趣味田径运动正式讲师资格的讲师负责培训，培训时间多为 1~2 天。目前，他们在体育和教育职能部门的协助下，在全国各地成功地组织了多次少儿趣味田径运动指导员培训，培训少儿趣味田径运动指导员近千人。另外，少儿趣味田径运动已成为国内多所体育院校体育教育专业的正式课程。

第三，少儿趣味田径运动的推广展示比赛。少儿趣味田径运动作为 2014 年南京青奥会的体育教育启蒙项目进行了展示与推广（图 1-3、图 1-4），它还将在 2015 年北京田径世锦赛期间进一步推广展示。

图 1-3　2014 年国际田联讲师 Malek、国际田坛名将和裁判员及工作人员

图 1-4 2014年国际田联主席迪亚克、撑竿跳高名将布勃卡和刘翔及部分参赛学生

第三节 少儿趣味田径运动开展的基本原则

少儿趣味田径是以田径运动的技能为基础开展的一项体育活动,以此为基本出发点,有效地将其实施和推广,达到开展活动的目的,更多地依靠组织者的创新性开发和灵活性运用。这一体育活动项目颇有广阔的想象和操作的空间,不仅对于组织者和教师,而且对于参与的少儿也同样如此。为更好地进行这项活动,应把握好少儿趣味田径开展的基本原则。

一、少儿趣味田径运动的组织原则

(一) 充分调动少儿参与的积极性

少儿趣味田径运动要求在组织活动时,鼓励并保证每个少儿都能积极参与到活动中。由于参加者多以团队成员身份参加比赛,能力较差的少儿也要参加比赛,因此要强化每一个少儿的参与意识,充分调动其参与的积极性。

（二）强调少儿的集体意识

通常组织少儿趣味田径运动时，每个队都按照不同能力或性别混合组成团队，强调团队中每个人的表现都能对比赛成绩产生影响和能对团队成绩做出贡献的观念。所有的赛跑项目都以接力或团队赛跑的形式比赛，所有的技术性项目（跳跃和投掷）都以团队每个成员的成绩之和来评定，以强调少儿的集体意识。

（三）方便组织，富有实效

项目结构和评分简单易行，以团队名次为基础，尽可能减少协助人员和裁判人员。运动项目设计安排要融入年龄因素，要考虑每个少儿的实际参与能力，在保证所有人都能参加全部的活动项目的同时，使他们的身体素质都得到全面提高。

二、少儿趣味田径运动的内容设置原则

（一）内容选择涵盖所有身体活动

少儿趣味田径的内容包括走、跑、跳、投的三个年龄段若干个项目，项目设计要充分考虑田径运动基本技能的涵盖范围，并通过趣味化的手段，激发少儿参与活动的动机。

（二）内容设计的主题是促进健康

少儿趣味田径运动的所有运动组织形式的主要目的之一是鼓励少儿参与，以保障他们长期的身心健康。身体健康一般是通过参与多种多样的体育运动来实现的，因此，项目的选择和设计，要考虑形式多样的、实效性强的适合少儿发育特点的活动。

（三）体现相互影响的团队多样化项目合作

以团队形式出现的练习内容，能鼓励成员共同协作和相互理解，合作意识对团队中的每一位成员都同等重要。在设计集体项目时，要经常变换项目的组合，以便达到少儿在各种条件下都能体会到合作的意义。

（四）设计项目有一定刺激性

少儿趣味田径运动比赛的一个基本因素是对于最终成绩的悬念，项目设计的方向和分类策略有助于保持比赛的不确定性，要保证比赛自始至终激动人心。此外，一些项目的设计，在确保安全的前提下使项目具有一定的难度也十分必要，这样可以提高对少儿的刺激强度。

（五）整体设计要简便易行

任何一个少儿趣味田径运动项目，在项目规则、训练内容和组织方式等方面，都要简便易懂、清楚明了。参与其中的少儿和组织管理者更是因这种整体设计的简便性而易于沟通和交流。

三、少儿趣味田径运动的操作原则

（一）因地制宜

少儿趣味田径运动所设计的活动内容应根据本校实际情况，以最基本的设施和设备能够保证组织和操作为准。活动的场地可以是土地、草地、塑胶场地，可以是室外，也可在室内。只要地面平整不滑，而且不小于50米×25米的地方即可。

（二）合理分组

要根据年龄的不同组织练习或比赛。分组的年龄段应考虑少儿身体和心理的异同，跨度既不能太大，以免少儿状况差异太大，不利于共同完成练习，又不能太小，增加组织安排的困难。通常按年级分组，小学可分三组，两个年级为一组。每个年级组都有发展跑、跳、投等技能的项目，不同年级组发展相同能力的项目对少儿能力的要求有所不同，一般是对高年级组的动作技能要求稍高。

（三）灵活掌握

进行练习或比赛要根据设计的图形和安排的时间表进行分段，依据场地的大小和完成活动的时间，可以安排一个或几个区域同时进行项目组中的不同项目。

（四）循序渐进

要兼顾少儿技能水平提高和年龄增长的渐进性，根据他们的需要和技能水平以及年级组的变化，循序渐进地不断调整练习或比赛形式和内容。这样使他们在参与活动过程中易于接受项目，便于教育目的的实现以及有效激发少儿的动机。

四、少儿趣味田径运动器材设计原则

（一）器材的设计和制作要确保安全

在强调快乐地促进少儿身体健康的理念前提下，少儿趣味田径器材设计要确保安全。器材的选择与制作要以安全为首要目标。少儿趣味田径运动项目的器材重量、形状和材质要适合少儿使用，要有效地避免由于动作失误对少儿造成伤害。

（二）器材的选用要量力而行

少儿趣味田径运动使用的器材主要以塑料、泡沫、纸和木棒制成，有条件的学校可以购置成品，条件差的学校可以购置特殊器材与自行制作相结合，没有条件的学校可完全利用废旧物品自己动手制作。

（三）器材的颜色要有吸引力

少儿趣味田径的器材制作要选用色彩鲜艳、新颖活泼的色调，从而吸引少儿乐于参与。可根据不同年龄，在器材上绘制一些图案，以提高少儿的注意力。

第四节　少儿趣味田径运动的有关研究

少儿趣味田径运动是一个新兴的、广泛的课题。目前，世界各国对少儿趣味田径运动进行专门设计研究的还不多。本节从少儿田径运动的发展、少儿田径运动的规划、少儿田径运动的研究等方面来论述关于少儿田径运动的发展，加深对少儿田径运动的认识。

第一章 概述

一、从世界田径运动面临的问题看少儿趣味田径运动的发展

近十几年来,田径运动的职业化和商业化促进了田径运动竞技水平不断提高,但与此形成鲜明对比的是,世界上大多数国家参加田径运动的少儿数量在逐渐减少,在我国也出现了类似情况。在欧洲大多数国家中,包括俄罗斯,在田径后备人才培养方面也遇到了人才不足的困难,最明显的问题表现在人口统计学数据和儿童生活方式的改变。事实是少儿参加田径运动的数量在减少,而且闲暇活动形式的改变对儿童也产生深刻的影响。那些具有田径运动天赋和运动兴趣的儿童的流失,使田径运动未来的选材面越来越狭窄,而成人的田径职业比赛却不断增加,这将在未来几年集中表现出田径运动基础人才的供需矛盾。因此,少儿趣味田径运动已经引起人们的关注。

为解决田径后备人才不足的问题,欧洲的一些国家采取从非洲和加勒比地区的前殖民地国家引进有潜质的儿童,作为本国的田径人才资源的方法。这种做法的弊端在于,随着时间的推移,这个趋势将造成在一些国家队中参加奥运会、世界锦标赛和欧洲锦标赛的原有欧洲人几乎被完全取代,这势必影响田径运动在这一地区开展的持续性。在欧洲的另一种做法是,一些教练员在儿童更小的年龄就开始进行训练,时间早于运动医学专家建议的年龄。这种情况造成了在训练过程的更早期就进行大强度训练,早期大强度训练对运动员的成长会带来负面影响。因此,在国际田联有关组织的带动下,世界各国相继对少儿趣味田径运动进行了不同程度的关注和研究。近年来,研究者关注的焦点主要包括以下几个方面:少儿身体发育和动作发展;人才的选拔、识别和培养;少儿运动的国际比赛等。

二、国际田联对少儿趣味田径运动的发展规划

2006年,国际田联开始实施一项旨在针对学校和俱乐部青少年的田径运动项目。国际田联的主要目的是使田径成为学校里的第一大运动,针对这一目的提出了一项新的任务,并且为了辅助这个目的的实现,国际田联还成立了专门的研究和推广工作组。国际田联少儿田径资深讲师 Adbel Malek 指出,推进少儿田径运动是全球化的教育工程。这项工程的实施过程中要安排充分的指导:确定所需要的文件(7~12岁少儿的田径教育项目、7~15岁少儿的比赛成绩量表);打破学校体育活动之间的孤立;增加少儿趣味田径运动展览会的次数;编辑基础田径运动器材设施资料等。

为了确保这项教育工程真正贯彻到所涉及地区的各种各样的教育系统,国际田联

对各个会员联盟成员的发展网络进行了安排,并确定了以下的领域需要有严密的行动计划:在学校里强化世界田径运动日,通过特定的网页设计来促进少儿趣味田径运动的发展;通过会员联盟和国际田联地区发展中心来加强青少年田径运动的后续行动。表1-2为国际田联针对青少年田径运动的教育工程计划。

表1-2 国际田联针对青少年田径运动的教育工程计划

国际田联青少年工程					
阶段	年龄/岁	学校体育		国际田联(俱乐部等)	
中级阶段	18~16	中等学校的比赛		世界锦标赛 地区锦标赛 全国锦标赛	俱乐部
	15~13	13~15岁田径基本技术的团队比赛		团体锦标赛	集体活动 学校和俱乐部
初级阶段	12~7		少儿7~12岁田径运动基本能力的比赛		初等学校

三、国际上对少儿趣味田径运动研究的结果

从2002年开始,国际田联陆续组织专家完成了有关少儿趣味田径运动的教材和培训课程,如2002年迪特马森等(Dieter Massin,2002)编撰完成的《国际田联儿童田径运动和儿童团体项目》手册。

2006年国际田联在全世界以培训形式推广最新的少儿趣味田径运动研究成果。经过国际田联少儿趣味田径运动研究工作组专家多年研究改进,对少儿趣味田径运动做了重新描述并指出:自古以来,儿童就对比赛感兴趣并不断地与他人进行比较;少儿趣味田径运动为少儿活动提供了一个特殊的交流平台;大多数情况下,少儿田径比赛只是成人比赛的缩型;比赛的成人标准化容易导致少儿的早期专业化训练,这显然是与儿童所需要的协调发展相悖。同时,能够使少数儿童产生早期精英优越感,这对于大多数儿童是有害的。另外,为了发挥比赛的杠杆作用,国际田联提出为13~15岁(男子和女子)年轻运动员举办一个新型的比赛,这个比赛是7~12岁儿童田径运动计划的延续,是由少儿参加,并在13~15岁运动员中发展田径比赛。

四、有关少儿早期专项化训练的主要观点和研究进展

青少年运动员的训练目标是为其在成年阶段达到最佳成绩做准备,虽然生长发育模式是无法改变的,但是通过正确选择最适宜的年龄段进行科学训练,就能够促进体能的发展和动作技能的掌握,继而使特定的决定成绩的因素得到充分发展。因此,在生长发育阶段采用正确的方法是运动员在未来取得成功的最重要保证。

大量研究已经表明,大负荷运动训练对儿童与成年人所产生的许多身体反应是具有一定差异的。儿童具有良好的身体条件,较适宜参与短时间、较大强度(磷酸原供能系统),或者更长时间、中等强度(有氧供能系统)的运动。他们的身体条件不适于参与那些对于乳酸供能系统提出很高要求的运动。因此,主要对于乳酸供能系统的训练应该推迟到他们达到生长发育高峰之后进行。与之相似,儿童对于肌肉耐力训练会有反应,所以在青春发育完成之前不要采用大重量的力量训练。许多研究都得出了这样的结论。

1990年,Mc Stravick B 的研究报告指出,不管是在俱乐部还是在学校,在考虑对少儿进行田径运动教育时要牢记以下几点:①为参与者提供有乐趣的经历;②制定计划;③制定的计划要与取得的成功相适应;④游戏的重要性。为少儿安排的比赛要使他们都能积极参与。对晚发育者不要安排到早发育者统治的比赛中,避免造成他们不愉快的经历,这一点很关键。要为少儿提供集体/团体比赛和全能项目比赛(以积分累计排定名次成绩的项目),提供完善自我的机会。

1992年,阿姆斯特朗指出,在儿童生长发育的适宜时期所进行的适宜训练内容,对儿童生理方面所引起的有益变化程度与成年人相似。一段时期的脱离训练也将造成这些变化的逐渐衰退。还没有强有力的支持性证据说明,为了获得如同成年人一样的成功,儿童的训练必须尽早开始。而且,早期专门化的结果会适得其反。教练员需要敏锐地意识到这样的事实,即儿童时期的成绩往往与成熟速度关联。早熟的男孩子在大多数体育运动项目中具有明显的优势,而女孩则往往是那些晚熟的人取得成功。在教练员的外在激励作用不存在的情况下,应该鼓励儿童强化他们参与运动的内在动机,而不是自我"封闭"。

1993年,Jonese M 认为:儿童和成人对剧烈运动的身体反应是不同的,从生理学角度来讲,不能将他们看作"小大人"。从本质上来讲,早期专业化训练将儿童看作了"小大人"。1993年,Loktyevin S 和 Makarova G 等的研究中对13~18岁中长跑运动员的心电图进行了分析后指出,少年不应当参加残酷而粗暴的测试,应当是不强调获胜,而强调享受运动。2005年,Lowes D 的观点是运动员完全成熟后再开始大强度的专项训练。

综上所述,少儿的个体差异较大,参与运动时要区别对待,注意量和强度的控制,要特别创设一种有趣的、有竞争性的、集体的活动环境去激发少儿参与田径运

动的热情,并在活动中根据参与者能力的水平,不断改变活动的方式和适当提高难度,以强化其内在动机,从而形成运动兴趣,杜绝进行"小大人"式的早期专业化训练。

第五节　少儿趣味田径运动发展的任务与前景

从少儿趣味田径运动的发展历程可以看出,国际田联在全球范围内大力推广这项运动的初衷非常明确,即通过学校这个平台,以趣味化的手段全面、系统地提升少儿对田径运动的兴趣,最终使田径运动在全球范围内的学校中成为参与人数最多的单项体育运动。

一、少儿趣味田径运动发展的任务

全面推广少儿趣味田径运动已得到国内教育和体育行政主管部门的支持,得到专家学者的认同。但是,作为一个新发展的体育项目,尽管它隶属于具有古老历史的田径运动,但它毕竟与传统的母体项目有着诸多不同。因此,尽快发展少儿趣味田径运动仍须各方积极努力,任务依然繁重。

(一) 积极宣传、大力推广少儿趣味田径运动

少儿趣味田径运动内容丰富、形式多样,游戏化的手段充分满足了少儿活泼、好动、好胜和积极上进的心理要求。在气氛活跃的环境中练习田径动作不仅可以调动少儿的学习积极性,而且能有效地促进他们的身心健康,以及使每一个少儿都能在活泼愉快的气氛中掌握动作技术,锻炼身体,提高素质。少儿在学习中快乐、在快乐中学习的运动方式可以真正达到增强体质和身心娱乐的目的。正因为少儿趣味田径运动有多种作用,所以为尽快改善和提高我国青少年体质和素质,国家有关部门对此项运动的开展和普及给予了极大的关注和重视。但是,由于部分人对田径运动认识的局限性,竞技田径运动仍为学校体育的主流,加之宣传力度不够等原因,广泛开展少儿趣味田径运动还有很多障碍。因此,在今后一段时间里,积极宣传和推广仍是体育教育工作者的一项重要任务。

(二) 加快教师队伍培训,为少儿趣味田径运动开展提供人才支持

在我国,少儿趣味田径运动刚刚起步,大部分学校的体育教师对其中的很多问题

还不十分了解。在国际田联地区发展中心·北京的推动下，先后举办了几次少儿趣味田径培训班，为推广此项运动的开展发挥了积极作用。然而，我国地域辽阔，中小学校数量非常大，仅仅靠单一的培训班解决师资问题远远不够。因此，为了尽快推广少儿趣味田径运动，还要发挥各级各地的力量，组织人员分层次、分地域逐级进行培训。作为培养体育教师的主体，体育院校系应率先改变目前单一的竞技田径课程内容，增加适合学校体育开展的田径内容。同时，各体育院校系还应主动承担起对中小学教师的培训工作，为少儿趣味田径运动的开展发挥作用。

（三）推进少儿趣味田径运动课程建设，不断完善符合国情的课程体系

作为一门学校体育课程，少儿趣味田径运动在我国刚刚起步，课程建设的任务十分繁重。课程内容、教学目标的设定，教学的组织，教学方法、手段和器材的创新与研制，以及教材建设等都需要一批教育工作者潜心组织完成。目前，此项目的开展受到人们对田径运动固有观念的影响，全面普及的难度还很大。同时，受国际田联"少儿趣味田径运动"一些指导思想和开展方法的制约，不同程度地影响此项目的普及。但是，任何一门课程的发展和建设都要经历一个过程，因此，加强对项目自身的探索，不断建设符合我国少儿特点和国情的少儿田径项目尤为重要。此外，教育行政部门、学校体育教师、体育院校系应组织人力，积极研究、大胆实践，创造性地建设更加完整、更加系统、更加切合实际的学校体育田径课程。

（四）加快少儿趣味田径运动课程实验试点单位工作的进程

在学校体育中开展好少儿趣味田径运动，推广工作十分重要。推广工作的第一步是发挥开设实验试点的示范作用。目前，我国部分省市开办了试点，有了一定收效。但是，由于种种原因，这个项目在全国中小学校的普及率很低，还远远没有达到预想的效果。作为旨在提高和改善少儿体质和素质的少儿趣味田径运动，基层教育行政部门的引导作用是推广工作的重要环节。如何通过组织各种形式的活动将试点的经验传播到其他学校，通过行政手段强化此项活动的实施，通过开展体育师资培训或专项培训，提高教师教学水平，都会对推动此项目的开展起到积极作用。此外，从田径运动普及的角度看，开展这项运动对少儿的影响起到了不可替代的作用，为日后田径运动本身的壮大铺垫了大量的潜在人口。作为培养竞技体育人才的重要途径，基层体育主管部门也应把推广少儿趣味田径运动作为基础训练的重要组成部分。通过此项目的开展，培养一批田径项目的后备人才和身体素质全面发展的其他项目的后备人才。

（五）大胆探索和创新将为少儿趣味田径运动的深入发展和广泛普及奠定基础

作为一个新事物，它的"新"体现在对田径运动这个古老项目的全新视角的审视、创新和运用。少儿趣味田径运动的开展，为田径运动的拓展提供了新路，为其发展开创了新空间。少儿趣味田径运动的最大特点是创造性，它给人们一种观念和思想的启迪，它的发展更依赖于不断地推陈出新，不断地富有创造性地发展。广阔的创造空间，给教师和少儿更多的想象，从而在这个平台上编排出丰富多彩的内容。组织方法、活动内容、器材设计、场地利用、教学安排等的创新是无止境的，因此，这一项目将给学校体育课程带来更好的发展前景。

二、少儿趣味田径运动的前景

自国际田联推广少儿趣味田径运动到现在仅仅几年时间，在全球范围内已得到了积极响应。我国是开展这项培训比较早的国家之一，尽管推广的速度还不尽如人意，但是可以看到教育部、国家体育总局对它的积极支持态度，为其今后在我国的大范围普及奠定了坚实的基础。

（一）将为提高少儿体质发挥重要作用

2006年，教育部、国家体育总局、共青团中央联合下发了关于开展全国亿万少儿阳光体育运动的决定。2007年5月，《中共中央国务院关于加强青少年体育增强青少年体质的意见》明确指出，增强青少年体质、促进青少年健康成长，是关系国家和民族未来的大事。可见，提高青少年健康水平已经上升为强国战略的高度。由于我国学校体育曾经受到轻视，一些学校的体育课内容受到非理性的修改，加之原内容与现代青少年的接受程度的差距，因此，改变现状既要转变观念，又要顺应时代潮流进行课程内容改革。少儿趣味田径运动通过活泼的组织形式、充满兴趣的活动内容及富有实效的技能，顺应了目前学校体育改革的方向。因此，推广这一项目，为提高少儿的身体素质，改善少儿的体质将发挥重要作用。

（二）将为学校体育增添新内容

我国学校体育的开展受到多种因素的影响，其中比较普遍的是体育场地的数量和面积不足。受其影响，很多项目的开展受到限制。此外，一些项目受到安全性的影响，在学校很少开设，个别项目即便开设，少儿学习的积极性也不高。由于上述原因，不同程度地制约了学校体育的顺利发展。少儿趣味田径运动改变了以竞技体育为核心的传统田径运动项目，将过去田径教学很少或根本不开设的单项内容，如一些投掷和跳跃项目都包括进来，包含的内容丰富，提高身体素质全面，具有很强的可操作性。因此，大力开展少儿趣味田径运动，将大大丰富学校体育的内容。

（三）将进一步拓展田径运动的适应领域

传统意义的田径运动以竞技为核心，在日益蓬勃发展的全民健身活动中和学校体育中的地位逐步弱化，被不断边缘化的势头明显。少儿趣味田径运动的兴起，彻底改变了人们对田径运动的认识。富有较大发展空间的田径运动将为体育不同领域提供新思路、新方法，人们由全新的视角，跳出束缚多年的田径运动禁区，深度挖掘它的潜力，使这一古老项目焕发新的光彩，将为人类健康做出更大贡献。与此同时，作为开发体育项目功能的新思维方式，少儿趣味田径运动的发展，也将推动其他体育项目向这个方向发展。

（本章执笔者　张贵敏　杨丹）

第二章 少儿成长期的特点

少儿时期身体各组织、器官、系统的发展具有不平衡性，有着各种非常特殊的需要与能力。本章主要阐述少儿的身体发育特点、心理特点、身体素质发展敏感期特点和运动技能学习特点四方面的内容，帮助教练员较全面地了解少儿身心发展特点等基本知识，并在运动实践中最大限度地采用适合他们特殊需要的方法与手段。

第一节 少儿的身体发育特点

人体从出生到成人的生长发育过程中要经历不同的时期，少儿时期是生长发育高峰期，并在不同年龄阶段具有自身的特点。了解生长发育过程的变化规律，对于从事少儿体育运动的教练员和体育教师具有重要意义。

一、人体的生长发育基本特点

无论是男孩还是女孩，从出生到发育成熟都要经历几个阶段（表2-1）。一般来说，女孩子成熟早些。人体在生长发育过程中，身体的大小和比例都发生许多重要变化，这些变化都会影响着少儿完成不同的活动与技能。

表2-1 出生到成年的生长发育阶段

	岁	0 1 2 3 4 5 6 7 8 9 10 11 12 13 14 15 16 17 18 19 20
女子	时期	婴儿期 | 儿童期 | 青春发育期 | 青年期 | 成年期
男子	时期	婴儿期 | 儿童期 | 青春发育期 | 青年期 | 成年期
	岁	0 1 2 3 4 5 6 7 8 9 10 11 12 13 14 15 16 17 18 19 20

（一）各系统发育非衡性特点

人体各系统的发育具有不平衡的特点。人体的神经系统发育较早，其次为骨骼、肌肉系统、心血管系统、呼吸系统、消化系统等，而生殖系统发育较晚。由于神经系统发育较早，具备了技术学习的生理基础与神经系统有关的素质，如动作速度、频率、灵敏等素质可较早发展。而生殖系统与激素分泌和酶的代谢有关，因此与内分泌系统有关的机能，如力量、无氧耐力等高度发展相对较晚。

人体其他各系统生长发育速度有其阶段性的特征。人体骨骼、肌肉系统、心血管和呼吸等系统第二次发育高潮主要在青春期，身高、体重、心血管等形态、机能得到快速发展，运动能力也随之逐步提高。在青春期第二次发育高潮，这些系统发展表现出先纵向后横向的特点，身体形态发展要先于身体机能发展。

（二）身体形态生长发育特点

1. 身材的变化

人从出生到成年，身体经历以下四个显著的阶段（图2-1）：
(1) 婴儿期到童年早期的快速增长；
(2) 童年中期的缓慢、稳定增长；
(3) 青春发育期的快速增长；
(4) 青年期增长逐渐减慢直至成年增长停止。

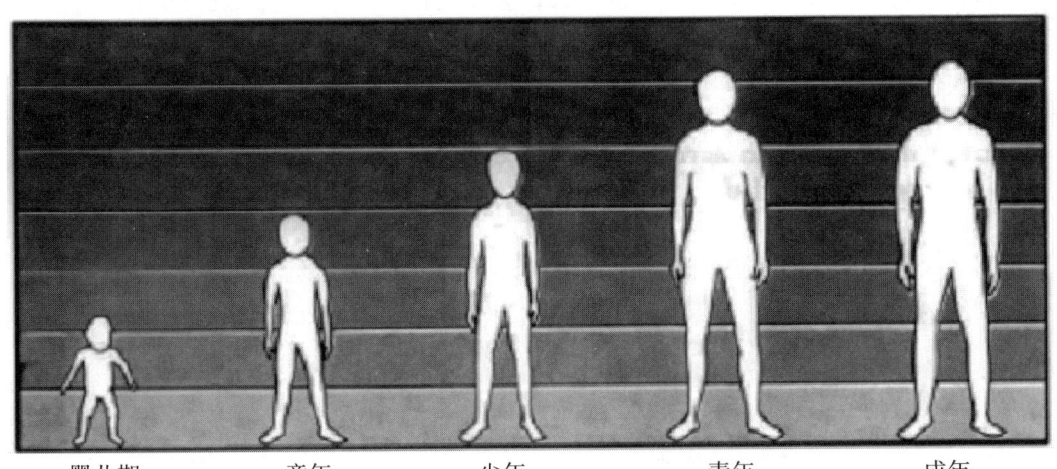

图2-1　从出生到成年人体的增长情况

2. 比例的变化

一个人从出生到成年，身体各部分比例变化有其特殊性，新生儿与成年人身体各部分之间的比例是截然不同的（图2-2）。身体各部位比例的改变意味着身体各部分的增长量是不同的。

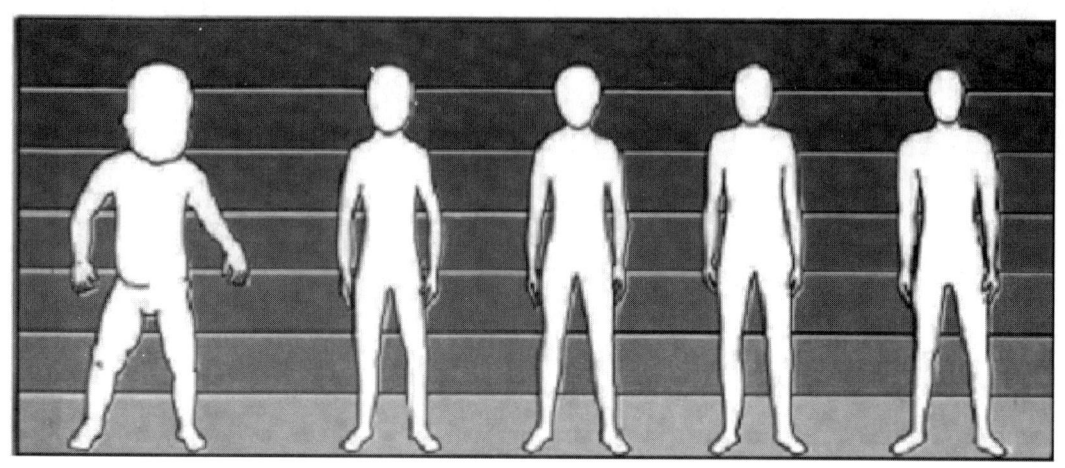

图2-2　从出生到成年人体各部分比例变化

人体形态的改变是由不同时期身体不同部位增长的不同造成的。出生到一岁主要是躯干增长，从一岁到发育期是腿部增长，而青年期主要则是躯干增长。身体形态的这些变化对于如何完成技术具有重大影响。例如人在童年时头部较大、腿较短，这会影响运动中身体的平衡，并限制其跑的能力。进入青春发育期后，变长的四肢更适合于奔跑，但这一阶段由于人体的快速增长，会使动作显得笨拙、缺乏协调能力。

3. 生长高峰

当人体生长速度迅速增加时称为生长高峰。人体最为重要的生长高峰是青春发育期，表现为身高和体重都迅速增加。男孩大约在14岁，女孩大约在12岁处于这个生长高峰。在这次生长高峰之前，男孩和女孩的身高与体重差异都不明显。在人体处于生长高峰时，体内大部分营养物质和能量都用于生长，所以这段时间孩子们很容易疲劳，训练过程中也不能再保持平时的量与强度。这时在充分保证营养的情况下，轻微的训练能够刺激身体的生长。

（三）身体机能发育特点

1. 神经系统的发育

神经系统是人体发育最早的系统，它在生命活动中始终处于支配地位与发挥主导作用。儿童在6~7岁时脑的重量就接近成人脑重的90%，9岁时脑重接近成人的94.6%，12岁时已接近成人脑重的98.1%。由于神经系统发育最早，所以与神经系统有关的器官（脑、眼、耳、前庭等）、素质能力（速度、协调、灵敏、反应等）在早期就能具备较高的水平。神经系统发育一般特征是兴奋与抑制机能在增强，神经灵活性较高，兴奋过程比抑制过程占优势。儿童神经系统的抑制性机能相对较弱，注意力集中时间较短。

2. 骨骼、肌肉系统的发育

身体生长主要是体内骨骼变化的结果。儿童的骨骼绝大部分由比较柔软、能弯曲的软骨构成，骨组织内的水分和有机物多，无机盐少，骨密度较差，富有弹性但坚固性不足。骨骼有特定的生长部位叫作骺软骨，人体的生长过程就是由软骨转化成骨的过程。骨的这些生长部位是它最薄弱的环节，很容易因受到冲击力或反复不断地受力而受伤。骨轻柔地受力可以刺激它的生长，但过分受力就会造成伤害和长期的严重影响。因此，在训练中连续跨跳、重复地大强度投掷和负重练习等手段都是在少儿快速生长期应避免的。随着年龄的增长，骨的成分逐渐发生变化，无机盐增多，坚固性增强，当身体停止增长，完全转化成骨后，骨的薄弱环节也随之消失。

少儿肌肉的水分多，蛋白质、脂肪、无机盐少，肌肉的收缩机能较弱，耐力差，易疲劳。随着年龄的增长，肌肉内的有机物增多，水分减少，肌肉重量不断增加，肌肉力量也相应增强。少儿身体各部分肌肉的发育是不平衡的。在第二次的发育高峰期，肌肉的发育遵循"向心性"增长，先四肢（特别是下肢）后躯干增长的规律。大肌肉的发育先于小肌肉。肌肉力量的增长与骨骼的生长有很大关系，在身高突增阶段，由于骨骼的快速增长，肌肉以增加长度为主，肌力较弱，当身高增长逐渐缓慢下来，性激素分泌增多，肌力也显著增加。

3. 循环系统发育

循环系统机能水平的高低，不仅会直接影响人体的健康，而且也会影响人体的运动能力。心脏是人体发育成熟较晚的器官之一。心脏功能的基础在青春发育期奠定。女孩在11~12岁、男孩在13~14岁处于生长发育的高峰，心脏容积增大，心搏量增加；随着生长发育突增速度的减慢，心肌开始逐渐增厚，心脏重量增加，心肌收缩力增强，出现了质的变化。根据心脏发育特点，有氧训练可以较早进行，适时发展可以促进心脏容量的发展，增加心搏量。无氧耐力训练一般要到青春期后，心脏发育出现质变以后发展。

4. 男孩与女孩的差异特点

男孩与女孩的生长高峰和青春发育期的年龄不同，女孩开始与结束青春发育期和青年期的年龄都早于男孩。在青春发育期男女之间的不同特征是体内分泌的荷尔蒙变化的结果，典型地表现在男孩双肩变宽、骨盆宽度变化小，而女孩骨盆变宽、双肩生长较少。这些变化会影响到男孩与女孩的运动方式。

女孩的骨盆较宽使她们的大腿骨更向内倾斜，会影响跑步动作，这会使女孩难以理解并令她们沮丧。有经验的教练员在女运动员的青春发育期之前就有所准备了，虽然他们可能有一段时间径赛成绩提高很少或不提高，但是当跑的动作适应了她们体形的这些变化，成绩就会提高。这段适应期一般为两年，在这期间教练员的耐心和鼓励会给女运动员很大的帮助。

青春发育期的性发育不仅会给青少年带来身体上的困难，也会影响到他（她）们的心理状态。教练员需要特别体贴女孩子来月经时的反应，这些反应或许会影响她们运动，但不应该限制她们参加身体锻炼。

（四）生长发育的早熟和晚熟

每个孩子生长发育的快慢和早晚不同，一些孩子比平均年龄早一些，一些则较晚；与平均年龄相比，男孩和女孩的主要生长高峰常常会提前或推后达两年的时间（表2-2）。

表2-2 男女青少年身高生长高峰的年龄

年龄（岁）性别\高峰类型	生长高峰		
	早熟	平均	晚熟
男孩	12	14	16
女孩	10	12	14

同年龄青少年之间实际发育水平的差异往往可达四年。在训练青少年运动员时，考虑生长阶段和发育水平要比考虑出生年龄更为重要。出现好成绩的孩子往往完全凭借他们当时相对较大的身材和力量条件，而当其他孩子赶上他们时，这些早熟的孩子就会落后，而另一方面晚熟的孩子却常常只因为成绩不高遭到忽视。

二、少儿不同年龄阶段的生长发育特点

（一）9~10岁年龄阶段

9~10岁是人体各器官系统发育都较迅速的时期，神经系统的发育表现在大脑的重量已接近成人，脑细胞的分化已基本完成，大脑皮质与本体联系趋于完善，运动分

析中枢趋于成熟，是发展反应速度、灵活性、协调性、前庭平衡器官机能与神经系统有关的素质和学习技术的好时机。但此阶段肌肉水分多，蛋白质、脂肪及无机物质少，心血管和呼吸系统发育未成熟，能量储备少，耐受氧债能力差，不宜安排任何长时间、大强度的练习。

（二）11～12岁年龄阶段

11~12岁男少年已接近青春发育期，神经系统的发育已趋完善，协调性好，能较精确地控制动作，可以掌握除需特殊力量和耐力外的技术动作。但此阶段的肌肉、骨骼和心血管系统仍与10岁的男少年相同。而此时的女少年已进入青春发育期，大多数组织、器官进入第二次生长高潮，身高开始突增，小肌肉群开始发展，逐渐与大肌肉群的发展趋于平衡；心脏容积增大，神经系统发育完善，是发展协调性、灵活性、一般力量和一般耐力的重要时期。

（三）13～15岁年龄阶段

13~15岁男少年已开始进入青春发育期，身体绝大多数组织、器官进入第二次生长高潮，身高开始突增；神经系统的发育进入质变，并趋稳定；心脏容积增大，心血管系统发育趋于完善；性激素分泌增加，肌纤维变粗，肌力增大。此阶段是发展一般力量和一般耐力的重要时期。而此阶段的女少年身体各组织、器官和系统均趋于成熟，肌纤维变粗，肌力增大，同时随着性发育逐渐成熟，皮下脂肪开始增厚，体重增加。本阶段是女少年开始专项训练的重要时期，除进行一般身体素质训练外，要开始进行专项身体素质的训练。

第二节　少儿心理特点

少儿时期是一个人一生中身心发展比较迅速的时期，特别是少年期是个体心理发展的一个很重要的转变期。因此，教练员应当了解这一时期心理发展特点，针对他们的心理特点采取合理的教育训练措施，使他们顺利地度过这一转变期，健康地成长。

一、少儿的认知心理特点

（一）感知能力的特点

少儿时期由于学校各科学习和各种活动都要求他们具有更高的感知能力，要求他

们能分析和理解外界事物,并达到较高的精细水平,因而他们的感知能力有了很大的发展与提高,主要表现在以下几个方面:

1. 感觉方面

儿童的视觉感受性增长较快,眼光敏锐,但观察事物时笼统模糊,杂乱无章,具有不善于抓住主要特征或较隐蔽的重要特征的弱点;儿童的辨音能力得到明显提高,运动感觉方面的发展突出地表现在手的运动能力的发展。但由于这一时期手的骨化过程尚未完成,动作灵活性、准确性较差,常伴有多余的动作。

少年的视觉能力发展更快,能区分多种颜色和色度的精确性。视觉、听觉的灵敏度甚至超过成人。听觉方面已具有相当准确的音阶辨别能力。运动知觉、关节、肌肉的感觉性迅速提高。

2. 知觉方面

儿童的知觉能力带有很大的被动性,他们不会有意识、有目的地感知事物,观察事物往往不精确,主次不分,对相似事物分辨能力较差,外形相似的图形、符号、文字、动作很容易混淆。儿童的空间定向能力较弱于其他感知能力的发展,必须与具体事物相联系。因此,教练员的示范位置与方向对于提高儿童的定向知觉能力十分重要。

少年的各种知觉的稳定性、精确性和目的性有较大的提高,特别是目的性加强,不仅能感知事物的外部特征,而且能抓住事物的主要特征,比较全面、深刻地观察事物。少年的时间知觉、空间知觉能力有了新的发展,他们对时间概念的意义理解更清楚了。对长、宽、高三维空间关系,图形的透视关系理解得更确切了。这就促进他们观察的自觉性、稳定性和精确性、概括性逐步提高。

(二)注意的特点

儿童无意注意占优势,极易受到外界刺激的干扰。注意范围狭窄,有意注意一般持续15分钟左右,如强使他们集中注意往往会很快引起疲劳。9岁以后有意注意可持续到20分钟以上,注意的范围可扩大到4~5个对象,但注意分配能力较差。

少年的有意注意发展显著,稳定性提高,可持续到40分钟以上。但兴趣在稳定注意方面仍起很大作用。注意的范围扩大,已接近成人水平。注意的分配和转移能力不断提高,但他们的无意注意仍起着重要作用。

(三)记忆的特点

少儿的记忆力是和他们的知识经验、理解力的发展紧密联系的。低年龄儿童以无意记忆、形象记忆为主，善于死记硬背而不善于检查自己记忆的效果。随着儿童学习自觉性和目的性的增强，有意记忆与意义记忆的能力逐渐发展，能够学会有选择地识记事物，并向自己提出记忆的任务和要求，因而学习的效率明显提高。

少年的有意记忆和有意识记逐渐占主导地位，但无意识记表现仍然明显。少年的意义识记逐渐取代机械识记，但仍有部分少年习惯于机械识记。少年的逻辑记忆仍不如形象记忆。因此，直观教学和示范动作对少年运动员来说仍是重要的教学方法。

二、少儿的情感、意志特点

（一）情感特点

低年龄儿童的情感丰富，易激动，极不稳定；喜、怒、哀、惧溢于言表；自我控制能力较差；对教师、教练员怀有信任与依恋的情感常常超过对自己的父母；男女之间能亲密无间地共同活动。9岁以后，儿童的情感内容丰富而较稳定，求知欲、集体主义情感增强，男女之间已不像低龄时那样亲密无间了。

儿童身上的消极情感主要表现为妒忌、狭隘、自满。少年随着内抑制和自我控制能力的发展，他们有选择的情感反应能力也在逐步提高，但仍摆脱不了幼稚，主要特点是：

第一，情感体验丰富、强烈，表现鲜明、生动，并常有较为明显的外部表现，两极性明显。

第二，情感开始带有内隐的、文饰的、曲折的特点，这是控制、调节自己情感能力提高的表现。

第三，情感的延续性增强，开始出现时间延续较长的心境。

第四，友谊感、集体荣誉感、责任感等高级情感开始发展起来，但由于知识经验的局限，相对来说，这些高级情感还显得狭隘和肤浅。

（二）意志特点

儿童的意志品质（自觉性、独立性、坚持性）较差，需要靠别人的帮助来完成应当独立完成的任务，具有较高的依赖性。他们不善于自制，在训练中常常因为自己高兴而忘乎所以，有的儿童在难度较大的练习或强手面前常常表现出畏缩、胆怯，但有的儿童却把莽撞当作勇敢，对惊险动作跃跃欲试。在练习或比赛中，爱动好斗，常常容易发生意外。

独立性和自制力的发展是少儿运动员意志特征发展的显著标志。少年的意志品质具有如下两个特征：

第一，由依赖性、受暗示性向自觉性、独立性发展，但依赖性和受暗示性仍然存在。

第二，由冲动性、盲目性向自制性、果断性发展，但冲动性、盲目性仍起较大的作用。

三、少儿的个性心理特点

（一）动机与兴趣特点

少儿参加体育运动的动机与兴趣的形成过程是一个由低级向高级不断发展变化的过程，从学龄期开始参加体育运动到高度运动水平，动机与兴趣的变化一般要经过三个阶段，并具有阶段性特征。

1. 开始参加阶段

少儿最初参加体育运动，源于他们直接的兴趣和动机，是为了在情绪上，以及身体活动上得到快感。表现为对体育运动的广泛兴趣爱好，不加选择地什么都想尝试，只是为了满足自己的直接兴趣，并没有参加专项运动的真正愿望。他们从事某项运动，多数是由于周围自然环境和社会环境以及父兄、教师或亲友的影响，而不是普遍尝试后的选择。

2. 运动专项化阶段

随着较系统的体育知识、技能的学习，少儿对参加体育运动的认识逐渐加深，对体育运动的激烈性、紧张性具有更丰富的情感体验，并且持有较高的自觉性和主动性。在此基础上，开始对某项运动产生了专门化的选择，产生了专项兴趣，并持有发展某专项运动的动机以及丰富自己专项运动的知识，改进专项技术的愿望，从而获得较高的运动水平。

3. 高度运动水平阶段

这一阶段，参加体育运动的动机具有明显深刻的社会意义。此时已具有较为丰富的专项知识，某项运动成绩已达到较高的水平。在比赛中创造新的纪录，争取集体荣誉，为国为民争光是他们共同的愿望。

上述参加体育运动的动机和兴趣形成的各个阶段，不能视为是绝对的。后一阶段动机、兴趣的某些特点，也可能在前一阶段动机和兴趣内部产生。在动机、兴趣发展的不同阶段，同一动机与兴趣也可能发生质的变化，这是值得引起重视的。

（二）个性特点

少儿的个性特征正处在形成过程中。人的个性特征是在其社会生活地位复杂化和多样化的条件下，通过与他人的交往，由自我意识能力的不断发展而逐渐形成的。分析少儿的自我意识能力发展的特征，可以揭示正在形成过程中的少儿的个性特征。

1. 儿童的自我意识发展特点

儿童时期自我意识能力的发展主要表现为：从评价他人向评价自己发展；从评价外部表现向评价内心实质发展；从轻信他人的评价向自我独立评价发展；从评价行为的结果向评价行为的动机与效果的统一发展。

2. 少年的自我意识发展特点

个体发展到少年期，由于社会交往范围的扩大，在社会和集体中的地位的变化，以及态度的形成、志向的树立和抱负水平的提高，他们的自我意识有了很大的增强，其主要特点有：

（1）产生了成人感。少年期的运动员由于性机能的逐渐成熟，身体的迅速发育，加上有一定的社会生活经验的积累，在家庭中和社会上的地位有所改变，使他们感到自己已经长大成人了，希望能像成人一样干出一番大事业。所以他们极力模仿和表现出成人的作风与气魄，在众多场合下发表自己的见解，并要求他人尊重自己的意志和人格，宁愿承担艰巨任务而不愿受到特殊照顾。在某种情况下，他们往往表现出不畏风险、不怕困难、敢想敢做、见义勇为的品质。这种成人感的产生是少年自我意识急剧发展时期的一个特点，也是个性形成和发展的一个转折点。

（2）评价别人与自我评价能力逐步提高。少年的自我评价与评价他人的能力是在学习和体育运动活动中与周围环境相互作用逐步发展起来的。他们的评价能力发展的途径有两条：其一是以人为镜；其二是直接的和间接的自我认识。这两条途径的结合与交替，使少年的自我意识进一步深化。

（3）在心理矛盾的冲突中发展自我意识。少年的发展是从生理成熟、社会化发展和个性形成三个方面表现出来的，也与自我意识的发展是同步的。然而生理的成熟过程是不平衡的，社会化方面人际交往的范围仍很有限，个性形成方面，以自我评价为中心，逐渐形成自己的能力倾向、道德品质和性格特点，但尚未定型。因此，自我意识发展中也就充满了心理矛盾，例如独立性与依赖性的矛盾、自尊心与自卑感的矛盾、反抗性与屈从性的矛盾、理想与现实的自我矛盾等。少年的自我意识发展，就是在上述的多种心理矛盾中进行的。

第三节 少儿身体素质发展敏感期的特点

少儿时期是人体生长发育最快的时期。由于这一时期人体各组织、器官、系统发展的不平衡性，对各种不同身体素质的发展必然会带来影响。因此，在不同的发育阶段，身体素质的发展有其一定的规律性。

一、敏感期

人体的主要系统有神经系统、激素系统、呼吸系统、循环系统等，各系统相应地影响着人体的各种能力（表 2-3）。

表 2-3 不同系统对于孩子能力的影响

系统	影响能力（主要）
神经系统	所有协调方式、思想（理解）
激素系统	所有系统的发育、力量发展
呼吸和循环系统	有氧能力发展

所有这些系统同时开始发育，但它们各自的发育速率不同，每个系统都有一个最大程度发育的专门时期，称为"敏感期"，在发展的敏感期，各种能力发展速度明显加快。表 2-4 和表 2-5 详细说明了发展一定专门能力的有利时机，从中可以很清楚地看到各种能力发展敏感期的年龄范围，以及何时最适合发展哪一种专门能力。了解这些敏感期的特点以及知道它们何时出现，对于为处于这些时期的少儿制定适宜的训练计划是非常重要的。这些系统在关键时期（敏感期）的早期训练，在很大程度上决定了少儿主要身体和心理能力的发育特征和深度。

表 2-4 少儿运动员的敏感发育窗口（女孩）

年龄	阶段	技能	速度	力量	有氧能力
6	阶段1	技能窗口1	速度窗口1		
7					
8	阶段2				
9					
10					
11	阶段3		速度窗口2	力量窗口1	有氧能力窗口
12					
13				力量窗口2	
14	阶段4				
15					
16					
17	阶段5				
18					
19					
20					

表 2-5　少儿运动员的敏感发育窗口（男孩）

年龄	阶段	技能	速度	力量	有氧能力
6					
7	阶段 1	技能窗口 1	速度窗口 1		
8					
9					
10	阶段 2				
11					
12					
13	阶段 3		速度窗口 2		
14					有氧能力窗口
15				力量窗口	
16	阶段 4				
17					
18					
19	阶段 5				
20					
21					

这些"敏感期"象征着不容忽视的机会，它们对于采用较轻的和能够承受的负荷发展少儿的能力提供了大量机会。如果教练员未能有效地使用这些"机会窗口"或者错过了使用这些"机会窗口"的时机，尽管有可能在以后的阶段弥补这些能力中的大部分，但却需要花费更多的精力和在训练中采用大得多的训练负荷。此外，少儿的总体发育按照一套由遗传决定的程序，新的能力发展是在先期发展的能力基础上实现的，在没有培养出强大的基本能力基础的情况下，任何提高新的能力的尝试，对于发育的总体质量都是有负面影响的。因此，少儿发育过程中的"敏感期"现象是教练员和教育者必须认真考虑的重要因素。为了使他们的训练取得尽可能大的效能，也就是说，采用可以承受的负荷使少儿取得最佳的训练效果，教练员在制定他们的训练计划过程中必须考虑"敏感期"现象。这样才能使他们在训练中运用这些"机会窗口"更快地进步，并产生更加强烈的参与动机。

二、身体素质发展的特点

（一）力量素质发展的特点

发展少儿时期的力量素质首先应考虑其骨骼和肌肉的发育特点。女孩 13~14 岁、男孩 15~16 岁以前骨骼生长快于肌肉增长，肌肉长度增长快于围度增长。从 15~16 岁（女孩 13~14 岁）开始，身高增长放慢，肌肉向横向发展。女孩 11~12 岁、男孩 13~14 岁肌肉质量变化加快，到 14~15 岁（女孩 12~13 岁）肌肉特性与成人差距缩小，到 16~17 岁（女孩 14~15 岁）接近成人。

少儿力量素质发展的敏感期（自然增长）的特点是：女孩在 11~13 岁力量增长速度很快，3 年中最大力量可提高 40%左右；13~15 岁力量素质增长速度明显下降，到20岁左右基本达到成人水平。男孩在13~14岁力量增长最快，18岁以后增长速度缓慢，25岁达到成人水平。而快速力量在7~9岁发展较快，此后男孩仍快速增长，女孩增长速度减缓。力量耐力男孩、女孩发展差异较大，女孩13岁前持续上升，其后缓慢发展，14岁以后水平下降，而男孩则一直上升。

根据上述特点，安排少儿力量训练时应注意下列要求：11~13岁是力量素质快速发展阶段，力量训练主要以改善各肌肉群的协调用力能力及以发展各部位的一般力量为主要任务，重点发展快速力量，并以动力性练习为主，避免长时间负重的静力性练习。发展最大力量采用的最大负荷为本人体重的2/3或不超过本人最大力量的80%。13~15岁，力量训练的主要任务是发展全身肌肉组织，提高快速力量，以动力性练习为主要训练形式。16岁以后可以发展最大力量，并在此基础上发展快速力量。

（二）速度素质发展的特点

少儿速度素质的发展是随着他们的生长发育、神经系统机能的不断完善、肌肉力量的不断增长而进行的。反应速度在12~14岁时已接近成人水平，因此，在7~12岁时，反应速度如能得到系统训练，则增长最快。尤其是在7~9岁时是反应速度、动作速度、频率发展的敏感期，不失时机地对它们进行发展，效果更佳。如果错过此时或此阶段得不到系统训练，则以后很难弥补。位移速度在12~15岁（女孩11~14岁）时增长最快，是最有效的发展时期（敏感期）。

根据上述特点，在儿童时期要重点发展反应速度、动作速度和动作频率。训练中应采用练习的速度快、时间短，组间重复次数少、间歇时间长和方法多、形式活的练习手段，以保证少儿在适宜状态下进行训练。

12~15岁（女孩11~14岁）的少儿可充分运用各种跑、跳、投等手段发展速度素质。可通过速度力量的发展来提高速度素质，并从前一阶段一般速度发展的基础上逐步向专项速度训练过渡。在此阶段的后期，可尝试较大负荷强度的专项速度的训练。16岁以后主要是按所从事的田径各项目发展专项速度。在发展专项速度时，要注意加强与提高与速度相关的力量、肌肉协调和技术的训练比重以及它们之间的结合。同时可以尝试利用大强度力量训练后大脑中枢的延期效应发展速度素质的手段方法。

（三）耐力素质发展的特点

少儿耐力素质的发展是随着循环系统的不断完善和运动系统功能的不断增强而进行的。男孩在10岁、13岁、16岁时耐力水平有较大幅度提高，在16岁时增幅最大；女孩则在9岁、12岁时耐力水平大幅度提高，而在14岁左右耐力水平逐步下降，15~16岁下降最大。

根据上述特点，少儿在9~12岁时就要注重一般耐力的发展，为以后耐力水平的持续提高打好基础，同时通过有氧能力的训练，提高心血管系统的机能水平和意志品质，这样有助于少儿在以后的训练中，逐渐适应较大的身体与心理负荷。训练手段要多种多样，可采用场地长跑、越野跑、球类活动、游泳等手段。长跑训练时强度要小，一般用最大强度的 30%~60%，运动时间在 5~20 分钟；也可用变速跑，距离在 2000~3000 米，一半慢跑一半快跑，快跑的距离由短至长，要注意避免进行无氧耐力的训练。

12~14 岁是少儿耐力素质发展较快的时期，在此期间仍应以有氧代谢训练为主，适当地进行无氧耐力训练。由于有了前一阶段的耐力训练基础，有氧能力训练的量和强度可以增加，但无氧能力训练的量要小，因为此阶段的耐力训练的目的仍是打好有氧代谢的基础。

在 15~16 岁年龄阶段可以逐渐进行无氧耐力的训练，并逐渐加大其训练比重，但是此阶段有氧耐力训练仍是训练的主要内容。

（四）柔韧性素质发展的特点

7~8 岁儿童具有很好的柔韧性和关节灵活性，是发展柔韧性的最佳时期（敏感期），到 11~13 岁时其优越性消失。

根据上述特点，少儿在前一时期发展柔韧性的基础上应继续加强柔韧性的训练。可采用动力性与静力性相结合的练习，用很大的肢体幅度进行田径的专门练习和基本练习，在每次训练课的开始部分进行各种手段的柔韧性练习，如肋木练习与拉长肌肉、韧带的技巧练习。要随着专项训练的增加加强柔韧性的训练，以适应专项技术的需要。

（五）灵敏性和协调性素质发展的特点

灵敏和协调素质对掌握正确的技术动作具有重要意义。由于神经系统发育较早，少儿时期是灵敏和协调素质最佳发展时期，虽然灵敏和协调素质发展的"敏感期"是 7~10 岁和 16~17 岁，但在整个少儿时期都应重视它们的发展。可经常采用反向（镜面）练习和不习惯的各种身体练习或改变已习惯的动作速度、节奏的练习，并且要经常变换训练的手段、方法。灵敏和协调素质的训练应安排在体力充沛时进行，练习时间不宜过长，次数不宜过多，练习之间要有足够的间歇时间。

第四节 少儿运动技能学习的特点

运动员要提高专项成绩，不仅仅只是提高身体素质水平，而且应该获得相应知识，熟练掌握运动技能及能在比赛中正确运用。运动技能的学习过程是一个长期的过程，教练员只有了解影响技能学习的各种因素，并根据少儿的水平和年龄的不同，合理地进行技能教学，才有可能帮助他们成为一个技能熟练的运动员。

一、技能的基本特征

（一）技术与技能

技术是指在运动规则允许范围内解决和完成专项动作的任务或问题的最有效方式，是进行熟练动作的基本保证。

技能是指完成完美技术的能力。一个优秀运动员不仅要能熟练完成准确的、稳定的技术，而且还应该知道何时以及如何应用技术创造好的成绩。田径运动中的技能教学不仅包括各项目技术教学，也包括何时教和如何使用这些技术的技巧。运动员在比赛中会面临许多情况和场面，因此教练员需要教给他们如何应对这些挑战，并做出正确的反应。

技能有多种分类，可以根据它们周围环境的特点分为"开放式"和"封闭式"，也可将技能的简易程度分为"简单技能"和"复杂技能"两种。在对初学者进行技能教学时，后者的分类法更多采用。

（二）封闭式与开放式技能

封闭式技能是指运动员在稳定和可以预料的比赛环境中完成动作的技能。运动员几乎可以忽略周围的环境而集中全部精力在技能上，如完成投掷项目、跳跃项目、短跑项目的技术动作都属于封闭式技能。

开放式技能是指运动员在比赛中完成技术动作时会受到外部环境的干扰，需要在对外界的各种因素做出反应中完成动作。例如，中长跑运动员的技能就是开放式的，因为他不能忽略周围运动员的干扰。在开放式技能中，战略和战术的应用比在封闭式技能中更明显，也更重要。在技能教学中，大多数开放式技能的技术部分一般在封闭的状况下进行教学，当技术掌握后，方可逐渐引进一些竞赛环境中的开放因素。

以竞赛环境区分"开放式"和"封闭式"两种技能，对于指导教练员有效教学有重要的意义。

（三）简单性与复杂性运动技能

简单性运动技能是指那些只需要用很少时间去学习就可以完成的技能；复杂性运动技能则是指那些感觉完成较为困难，需要用较多时间去学习、掌握的技能。在教学实践中，简单性和复杂性运动技能只是两个相对的概念。同样的技术动作由不同的人去完成，难度会有不同，对甲来说是简单的技能，而对乙来说可能是复杂的技能，并且同样的技术动作由同一个人在其生长发育和运动经历的不同阶段去完成，表现出的难度也不同。因此，在进行技能教学时，教练员必须针对学习技能的运动员的感觉来评价技能的难度。仅仅是教练员认为技能简单或复杂没有实际意义，决定技能难度的因素是运动员的想法和感觉。但是，在教学实践中，教练员针对运动员的情况按其实际难度准确分为简单性与复杂性技能进行教学，对于指导少儿田径技能教学有重要的实践意义。

二、技能学习的基本特点

技能学习是一个无形的过程。我们可以通过运动员成绩的提高看到技能学习的效果，但学习过程是内在的。学习任何东西都需要神经系统、大脑以及记忆的参与。每当我们练习一项技能时，对前一次练习的记忆被用来做再次完成动作的基础。随着不断的练习，一个对技能动作清晰准确的记忆就形成了，需要时可以回忆起来。大脑对技术和动作的记忆称为"动作程序"。动作程序的形成始于学习的最初开始阶段，随着学习的进展，动作程序也随之发展。因此，优秀运动员的动作程序是在长期不间断的学习过程中逐渐完善而形成的一套完整的程序，从而保证其稳定的技能水平。从初学者到优秀运动员，技能学习是一个持续不断的过程。在技能学习过程中，虽然没有明显界线，但是一般可分为三个阶段。

（一）开始阶段（思考阶段——拟定要做什么）

在初学者开始学习任何东西之前，他们必须清楚地知道什么是他们要努力达到的目标。许多缺乏经验的教练员一开始就告诉或者示范给初学者如何做某个练习，而不是先解释清楚他们的目标是什么。这些教练员错误地认为初学者知道自己的目标。在这个阶段中，由于运动员的情况及技能的不同，运动员的进步可能是缓慢的。

学习的开始阶段教练员可以用下列方法帮助初学者学习一项新技能：简单介绍一下要学的技能；示范和解释技能；应用一种教学方法使初学者较好地掌握并能开始练习该技能。

开始阶段的长短取决于运动员的经验和协调能力，以及对该运动员来说的技能复杂性。对于一个经验丰富的运动员来说，学习一个简单性技能可能仅需要一次短的技能课就能完成；对一个年轻运动员来说，学习一个新的并且对于他是复杂性技能可能就需要更长更多的时间。不管是哪种情况，如果教练员将新技能和以前学过的技能之间的相似之处解释清楚，就可以缩短学习所需的时间。当运动员能够完成技能的粗略形式时，尽管仍然存在许多错误，学习的开始阶段就结束了。

(二) 中级阶段（学习阶段——找出做的方法）

我们已经知道技能是在已经了解和可以做的基础上形成的。学习复杂性技能需要较长的时间，因为协调动作顺序是有难度的。在这个阶段，要给运动员提出有关如何完成技能的建议。在这些建议中利用运动员以前的经验是非常重要的。

学习的中级阶段的任务是通过经常的练习，以发展在开始阶段中形成的动作程序。正确技能的学习，除进行练习外，还应该努力激发运动员学习的动机。运动员不仅需要知道自己的技能中哪些是正确的和哪些是不正确的，而且还应该知道如何才能纠正技能中的错误。与其他学习阶段一样，中级阶段也没有固定的时间表。一个简单性技能可能在一天内就学会，但一个复杂性技能可能要数年才能使其达到高水平。在中级阶段中，运动员在稳定不变的环境中开始能够准确和稳定地完成技能。当运动员的技能达到自动化程度时，他就进入了高级学习阶段。

(三) 高级阶段（熟练阶段——完成技能）

运动员对动作的控制变得更为自动化，能够学会选择做什么和何时做什么，而不是如何去做，此时已达到了熟练完成技能的高级阶段。这时运动员可以更多地学习有关用力和完成新技能的策略方面的东西。

在学习的高级阶段中，运动员能在类似比赛环境的条件下保持高水平的成绩。运动员有信心并且对自己的技能有深刻的理解。这种对技能的理解和"感觉"意味着他们能够更有效地评价自己。由于这时期完成技能的能力将受到诸如力量和速度等生物运动能力变化的影响，此阶段的技能学习的进步很小，并且不容易获得。因此，在教学中要注重激发运动员练习技术的动机。

归纳上述动作技能形成的阶段性特点，动作技能学习应注意以下几个方面：

第一，技能学习是一个包含从开始初学阶段、中级阶段到高级阶段的连续过程。由于学习过程直接看不到，要通过观察技能完成情况及其变化来评价技能学习的效果。学习一个新技能就是用新的动作方式来组合已学过的动作方式，建立一个动作程序和形成一系列完成新动作的指令。

第二，在开始阶段中，技能教学考虑的因素主要是用通俗的词汇向运动员解释清楚如何完成新技能，以便动作程序能够开始形成。

第三，在中级学习阶段，技能教学考虑的因素主要是组织练习的条件给运动员提供有助于发展动作程序的反馈。运动员通过中级学习阶段的练习，逐步获得正确完成技能的"感觉"。

第四，在高级学习阶段中，技能教学考虑的内容主要是设计有效的练习条件，并激发运动员不断学习的动机。达到学习的高级阶段并不意味着技能学习已经结束了，它只说明运动员正在接近完成技能学习的任务，如果要完成任务则必须继续学习。

三、技能教学的方法

（一）简单性技能的教学方法

经过很少练习就可以完成的技能称为简单性运动技能。简单性技能的学习一般是不难的，有时初学者已多次亲眼或从电视上看过别人完成要学的技能，一般认为技能学习中的80%是通过观察来完成的。简单性技能教学有两种常用的方法：

1. 模仿方法

模仿常常是运动员学习技能的最好方法。在教学中教练员要求运动员将注意力集中在要模仿的动作上，例如说"看这个动作，试一试"。如果模仿是准确的，应当给予肯定："对，就是这样，现在记住并进行练习"。当需要做小的纠正时，要用清楚的方式指出。

2. 示范、讲解、练习、纠正方法

这个方法包括下列四个步骤：
（1）示范并进行简单的讲解；
（2）留出练习时间，仔细观察，找出正确的动作和共同的错误；
（3）练习时提供信息，在必要情况下中断练习，强调正确动作和提出改正错误动作的建议；
（4）允许进一步的练习，如需要则进行更细致的改正。

（二）复杂性技能的教学方法

使用简单技能教学方法而运动员不易掌握的动作就是复杂性技能。复杂性技能的教学方法各种各样，但都是以这样或那样的方式使技能简单化，以便使学习过程容易一些。复杂性技能教学中有两种常用的方法：

1. 塑造方法（完整教学法）

塑造一个复杂性技能——使整个动作简单化。塑造方法包括下列过程：
（1）简要示范和讲解要学的整个技能过程。
（2）用简化或包含完整技能中最重要的动作和运动员能成功完成的形式进行教学。
（3）让运动员练习简单化的技能。

(4) 逐渐改变任务要求，以通过练习使整个技能塑造成近似成熟的形式。

(5) 鼓励遇到困难的运动员并用其他更简单的方法进行练习。例如，跨栏通常被看作是一个复杂性技能，这是由这个项目的技能规则以及初学者对碰栏的恐惧造成的。在跨栏项目中，重要的是有节奏地快跑，因此在塑造跨栏技能时应首先强调这种节奏跑训练，去掉恐惧因素，并且逐渐加入技能内容。

2. 链接方法（分解教学法）

一个复杂技术是由几个简单的部分组成的，每个部分都可以认为是一条链中的一个环节。完整技能的简单部分或者环节是用简单性技能的方法进行教学。为了使技能的链接更有效，要尽量早地将各部分联系起来组成完整技能。在学习的中级阶段，运动员可以进行技能的分解练习，但结束时一定要进行完整技能练习，将各个环节连成一条链。

链接方法与塑造方法的区别很大。在链接技能时，是按完成完整技能的要求练习每个部分。在塑造技能时，运动员的第一次尝试可能会非常不完全，几乎根本不能做出类似完美技能的动作来。对于某一特殊情况，无法说用哪种方法进行技能教学最好，教练员只有通过实践才会发现哪种方法适合他们，并且变得更有能力确定一个技能对某一特定运动员是简单还是复杂。一般来说，只要运动员有能力，最好按简单技能的方法进行教学。

3. 教学中的反馈（帮助学习的信息）

无论采用什么方法进行技能教学，仅仅依靠练习是不足以使运动员正确学会技能的。反馈是运动员完成动作后，从各个方面收到的有关其完成技术情况的信息，从而修正和完善自己的技术动作。这种信息可以分成下列两类：

(1) 内部反馈。内部反馈是指一个运动员通过视觉、听觉和触觉等所有的感觉器官收到的信息。视觉是运动员获得有关他的周围环境以及如何完成技能的信息的重要途径之一。另一个重要来源是大脑从身体接收的有关动作感觉的信息。这些信息是从肌肉、肌腱以及关节传到大脑的，它们告诉大脑肌肉的情况——肌肉的收缩速度以及关节和肢体的位置等。这种通过"内眼"获得的信息称为运动本体反馈。运动本体感觉和反馈的发展给运动员提供了对技能节奏的稳定感觉。大多数年轻运动员的运动本体感觉发展是不够的，他们主要通过视觉获得学习技能的反馈。随着运动员进入技能学习的中级阶段，运动本体反馈的作用变得越来越重要。

(2) 外部反馈。外部反馈是运动员通常不可能自己从动作完成的结果中获得的信息。这种信息的来源在运动员的外部，其中包括教练员、其他运动员、镜子以及摄像机等。研究表明，外部反馈与内部反馈相结合，更有利于运动员对技能的学习。有经验的教练员会利用从各种来源得到的外部反馈，给运动员提供准确而有用的信息。这种反馈的正确使用有加快学习过程的效果。

有效的语言反馈是技能学习成功的关键。外部反馈的主要来源通常是教练员的语言反馈，培养有效的语言反馈是练习过程成功的关键之一。有效反馈的关键是，反馈一般应是积极而有内容的，并具备下列特点：

——专门的而不是一般的。反馈包括有关运动员应如何去做，以便解决或纠正问题或错误的简单而明确的信息。它可以使运动员了解某个错误动作的原因。

——建设性的而不是破坏性的。建设性反馈承认运动员动作的积极方面，并提出改进的有效方法。

——迅速的而不是延迟的。在运动员完成动作后应尽可能快地给予有效反馈。这时运动员对刚完成的动作有更清楚的记忆和运动本体感觉，所以是从反馈中吸取有益东西的好时机。

——明确的而不是含糊不清的。检查运动员是否清楚地理解了你的反馈显然是重要的。让运动员告诉你他对你说的内容怎么想，或者他认为你想让他怎样做。如果他已清楚地理解了你的反馈，你可以强调一下反馈："是的，这正是我的意思。"如果他误解了，你可以澄清自己的意思。

——针对可改变的行为。反馈应使运动员集中在能够做到的动作改变上。例如，教练员可能会告诉运动员跑时肘关节向后方摆动而不是向侧面摆动。如果运动员存在肩关节柔韧性问题而使他不能做到教练员的要求，那么这个动作就无法根据教练员的反馈而得到改变。在这种情况下，教练员应针对肩关节柔韧性差这个原因给予反馈，因为这个问题是可以通过训练得到改进的。

——每次只纠正一个错误。一个运动员一次只能对一个指令产生反应。教练员应记住自己观察到的所有情况，并且确定哪个错误是最主要的。任何反馈都应一次只纠正一个错误，并要首先纠正最主要的错误。

四、少儿趣味田径运动技能教学的特点

（一）建立广泛的运动技能

运动技术与运动技能之间存在着紧密的联系，运动技能是掌握运动技术的基础，而掌握运动技术的过程，又能促进运动技能的建立与提高。由于田径运动大多数项目的技术之间存在着相互联系相互促进的作用，因此，在少儿运动员技术学习过程中，学习、掌握多种运动技能是非常重要的，这既是一个挖掘技术潜力的过程，又是一个培养灵敏、协调素质的过程。

（二）重视运动技能的相互转移

由于田径运动各项目之间存在着既相互促进又相互影响的作用，因此，在安排少

儿进行田径技术教学与训练时，要注意不同项目之间可能出现的影响与作用。在通常情况下，某一技术动作的掌握能在学习其他技术动作时出现正效应而有助于新技术动作的掌握，如良好的短跑技术有助于学习和掌握跨栏跑和跳跃项目的技术。但有时也可能出现负面的效应，而干扰和影响另一技术动作的学习与掌握。如先掌握掷铁饼的旋转技术会对学习掷链球的旋转技术带来负面影响。因此，应根据各项目技术的难易程度，以及它们之间的相互影响与作用，科学地选择练习内容，合理地安排技术练习顺序，充分发挥其正面效应，最大限度地缩小其负面效应。

（三）重视专项特殊能力的培养

在田径运动中要获得高水平的成绩，除技术、素质、身体条件外，还要求运动员具备专项特殊的能力。如短跑运动员应具备在激烈的竞争中保持高度放松、协调的能力；跳高运动员应具备超群的纵跳能力；跳远、三级跳远运动员应具备在全速跑进的前提下完成快速、有力、准确的踏板起跳能力；投掷运动员应具备在最后用力阶段加速完成动作的能力。获得以上这些能力应通过多年的训练，从小进行培养。

（本章执笔者　吴瑛）

第三章 少儿趣味田径运动项目的设计与选择

改革与创新是运动项目生存与发展的重要因素。少儿趣味田径运动是田径运动发展过程中出现的一个更适合于少儿参与的田径运动活动形式。少儿趣味田径运动是以强调趣味和安全为前提，以游戏的形式促进少儿通过参与跑、跳、投等基本动作，提高身体素质，发展基本运动能力而设计与选择的。

第一节 少儿趣味田径运动项目的设计

任何运动项目，总是由其各自的基本条件组成。选出基本条件齐备的项目，就是选择项目。对所选项目的各个条件重新组合与整理，就是项目设计。少儿趣味田径运动项目设计是根据少儿趣味田径运动项目的基本原则与要求，选出符合发展少儿跑、跳、投等基本能力的运动项目。少儿趣味田径运动项目的设计实质是在田径运动项目的基础上，遵循少儿趣味田径运动项目设计与选择的原则和教学与练习的实际进行创新的过程。

根据创新的组合原理，设计创新方法一般有同类组合、异类组合、主体附加、重组组合和选择组合5种。根据创新的移植原理，可以把一个田径项目或少儿趣味田径运动项目的某一部分、原理、内容、方法等运用或迁移到其他项目中，从而使其产生新的锻炼效果。根据创新的变向原理，运用逆向思维或侧向思维改变项目的某一因素，从而达到创新的目的。根据创新的还原原理，运用分析思维和发散思维将运动项目活动的方法手段及形式还原到该项目要发展的基本能力和基本技术的本质上，然后再进行多个方向上的发散性思考，从而设计出新的练习方法或项目。

一、少儿趣味田径运动项目设计的原则

（一）保持基本技术正确的原则

保持田径运动各个项目基本技术正确就是在设计与选择少儿趣味田径运动项目时要以田径运动中的跑、跳和投等项目的基本活动形式为根基，在此基础上简化操作方式并溶入健身和娱乐因素，对动作的幅度和力度不做具体要求，给少儿以施展的空

间。所谓基本技术正确,对跑的项目是指摆腿摆臂的方向和路线基本正确,正向跑进;对跳的项目是指摆臂的方向和路线基本正确,控制跳的方向和节奏基本正确;对投的项目是指基本正确的用力和正确投掷方向的控制。脱离田径各项基本技术,单纯追求趣味性,将超出少儿趣味田径运动项目运动的范畴。

(二) 安全性原则

安全性原则是设计和选择少儿趣味田径运动项目的第一要务。近十几年来,田径运动逐渐淡出中小学校园,这在很大程度上是因为练习者参与田径运动时的安全问题受到质疑。安全性原则是指少儿趣味田径运动项目中的活动内容、场地设施、器材和组织等一切客观因素都应保证练习者从始至终都是在安全的环境中进行。

第一,设计和选择项目时,要充分考虑练习者的年龄、自身条件和客观环境,不安排危险性较大的、超出少儿身体能力的易发生伤害事故的活动内容。同时,制定切实可行的方法和评分规则,以保障练习者的人身安全。

第二,保证场地设置和器材的安全。少儿趣味田径运动项目的器材在重量、形状和材质方面都要适合少儿使用。器材基本是由塑料、泡沫、纸或木材制成。场地要平整、不滑。

(三) 从实际出发原则

这是指项目的设计和选择要以练习者的年龄、场地设施和器材等具体情况为依据,充分考虑少儿的年龄、身体素质和实际能力,合理安排项目的内容、方法和评分规则。本书所介绍的少儿趣味田径项目有很强的实用性,活动项目几乎能够在任何地方组织进行,而且只需要最基本的设施和最少的器材。

(四) 趣味性原则

趣味田径运动项目一定要有趣味性,使少儿乐于参加,并在活动中体验跑、跳和投的竞争所带来的乐趣。这也是进行少儿趣味田径运动的优先目标。

兴趣是推动人们从事各种活动的一种内部动力。少儿的兴趣广泛而且多变,因此,在设计与选择运动项目时一定要有趣味性和娱乐性,并具有持久的吸引力,使少儿感兴趣并乐于参与。在活动中能体验到成功的喜悦和参与的乐趣,这才能促进少儿趣味田径运动的发展。具体包括以下几个方面:

第一,项目要有竞争性。竞争性是趣味性的来源,也是趣味性的重要体现,同时也是少儿趣味田径运动项目的基本特征。但这种竞争有别于竞技体育的竞争形式,它强调的是积极参与,相互鼓励。它是在游戏的情境中完成跑、跳和投等基本活动。缺乏竞争,活动项目将对少儿失去吸引力。所以,在设计与选择项目时要充分考虑这一点，以胜负烘托活动的气氛。

第二，组织及评分要有鼓励性。鼓励是将活动进行下去的外部动力。少儿在参与过程中始终处于团队成员相互合作、相互鼓励的氛围中，促使少儿不断努力，不断进步。在设计和选择项目时，要想到其评分办法都不宜给予任何一个练习者打负分，要给予鼓励性的分数。

第三，器材设施具有吸引力。器材设施具有吸引力是现有的少儿趣味田径运动项目的重要特点之一。设计和选择项目时，可把项目用到的器材设施做成具有鲜艳的颜色、可爱有趣的造型，如把用纸箱做成的栏架画上大山并涂上绿色，把用木棒做的撑竿仿制成金箍棒等，以此来提高运动乐趣。

（五）渐进性原则

渐进性是指根据少儿的需要和技能水平，循序渐进地提供不断调整的项目形式和内容，使参与过程更接近少儿的实际能力和水平，达到不断激发少儿参与运动的动机。渐进性对项目的外在表现是调整项目的形式和内容，对少儿的内在体现是心理和身体两方面的负荷。难度过低会降低少儿的活动欲望，而难度过高又易失去兴趣，使活动无法进行，且易导致专业化倾向。

第一，动作的方式要适当。根据少儿的不同情况设计出与其相适应的动作方式，使其易于接受。一般认为，在精巧性项目中，误差允许度越小，动作难度越大；反之，动作难度越小。

第二，注意力的分配与转换要合适。这是指少儿在完成动作时要把注意力同时分配到不同的方面，应注意转移的速度。同时知觉的事物越多，注意转换时间越短，则练习难度越大。

（六）创新性原则

不断创新、改变项目的内容和组织形式是吸引少儿参与运动的方法之一。固定不变的趣味项目即使再有趣，时间长了也会让人感到枯燥无味。在设计运动项目时，要合理设计创新内容、组织形式及评分标准，使少儿乐于参与。教师要善于在实践中不断总结经验，对原有项目进行改进、充实与完善。

二、少儿趣味田径运动项目设计的方法

（一）设计项目要考虑的影响因素

无论是对项目进行选择，还是对项目进行设计、改造与创编，其目的都是为少儿

提供更多的适合他们锻炼身体的方法与手段。所以，在选择、设计与创编的过程中，除了要考虑趣味性、安全性等原则外，还要考虑影响锻炼效果的动作要素。影响锻炼效果的动作要素一般包括身体姿势、动作路线、动作时间、动作速度、动作力量、动作速率、动作节奏、动作方向、动作幅度和动作配合，分述如下：

第一，身体姿势指动作的外部表现，是在动作过程中，身体或身体各部分所处的状态及身体各部位在空间所处的位置关系。可分为开始姿势、动作进行过程中的姿势和结束姿势。做任何动作，身体姿势的改变和动作姿势是否正确，都将影响动作的难易程度和锻炼效果。比如，做体前屈，两腿伸直比两腿弯曲的难度要大，并能起到拉长大腿后部肌肉和韧带的作用。后者姿势不正确，完成动作虽然容易，但达不到预期的效果。

第二，动作路线指在做动作时身体或身体某部分所移动的轨迹，包括轨迹形状（直线、曲线和弧线）、轨迹方向（前后、左右和上下六个基本方向及各种旋转与环绕）和轨迹幅度（长度和角度），采用不同的动作路线，可以有效地培养练习者的协调能力。

第三，动作时间指完成动作所需要的时间，包括完成动作的总时间（完成动作所需的全部时间）和各个部分的操作时间（完成动作的某一环节所需要的时间）。完成动作的时间将决定运动量的大小和运动负荷的大小。

第四，动作速度指在单位时间内身体或身体某部分移动的距离，包括平均速度、瞬时速度、初速度、末速度、角速度和加速度等。如在同样的一拍节奏内，两臂上举比两臂前举移动的距离要长，速度要快。速度的快慢也是影响肌肉负担量的因素。

第五，动作力量指在完成动作时，身体某部分克服阻力用力的大小，是人体内力和外力相互作用的结果。完成同样的动作，所用力量的大小对锻炼身体的效果是至关重要的。

第六，动作速率指在单位时间内同一动作重复的次数。如在同样节奏的一拍内，做两臂胸前平屈后振两次比同样动作振动一次的频率快一倍，对身体的影响作用也大很多。变化动作频率也是增减运动量的方法。

第七，动作节奏指在完成动作过程中的时间特征，包括用力的大小、时间间隔的长短、动作幅度的大小及动作的快慢等要素，如强和弱的动作均匀地、周期性地交替。合理组合强和弱的动作，做到合理支配紧张和放松，以使肌肉工作与休息有节奏地交替，能提高锻炼效果，有利于掌握动作。

第八，动作方向是指身体和身体各部分的运动指向。由于动作方向不同，影响的肌肉群也不同。如身体前屈时主要影响腰背肌肉群，身体后屈时主要影响腹背肌肉群。再比如，跑步时两臂的摆动方向对锻炼的肌肉群不同，产生的动作效果也不同。

第九，动作幅度是指做动作时身体或身体某部分移动距离的大小。幅度的大小影响运动量的大小，如直臂绕环比屈臂绕环幅度大，运动量就大，对人体的影响也就大。因此，选择不同幅度的做法，是调节运动量的方法之一。

第十，动作配合是指身体各部位运动时相互配合的关系。如上肢动作和下肢动作的配合，其构成因素的技术特征是身体上、下部分相互配合的动作，配合的方法不同，锻炼效果也不同。如转体时两臂向转体一侧举起，可提高转动强度，加大对腰、背肌肉的影响；而采用两手叉腰来做，其效果主要表现在腰部。运用身体各部分动作的相互配合，也是提高协调性的方法。

以上十个因素是相互联系的，在设计、改造与编制动作时，正确掌握和运用影响动作效果的这些因素，可以变化动作的做法，改变动作的难易，合理安排运动量，有选择地锻炼身体的某些部分。也可根据情况选择以某一因素为主进行锻炼或多因素综合运用实施锻炼。

（二）项目设计与改编方法

少儿趣味田径项目的设计与改编可以从跑类、跳类和投掷类动作的技术结构入手。技术结构包括动作基本结构和技术动作组合两层含义。技术动作基本结构由动作基本环节和环节之间的顺序构成，技术动作的基本结构包括若干个基本环节，这些基本环节按特定的、一般不能改变的顺序形成动作基本结构。因而，动作基本结构可以称为"技术链"，而动作基本环节则可以看作是技术链上的各个点，顺序则成为联结各个点的连线。设计与改编项目可以从改善动作基本环节和环节间顺序两方面进行。

技术组合是由若干独立的技术动作联结组成的集合，如少儿趣味田径中的一级方程式。

设计与改编技术动作基本结构有下列方法，每个动作都存在每种方法的综合运用，但有的方法中只是采用某一或两个具体方法。

1. 身体各部分配合：在突出主要技术环节的前提下考虑怎样配合。如以发展上肢和腰腹力量为主的投球，下肢为配合部分，可采用坐姿、跪姿和单腿半跪姿等，但一般常采用有利的某种姿势。

2. 不同形式的做法：可采用行进间做和定位做两种形式。行进间可采用走步、慢跑和快跑来完成动作；定位的形式一般采用站立形式，还可采用坐、卧和前后左右小移动等形式。

3. 不同基本环节的组合：在不改变动作基本结构的前提下，截取不同点以形成不同的环节组合。如掷标枪技术中可以把一般助跑和交叉步跑结合在一起来做持枪或徒手练习，也可以把交叉步和引枪两环节放在一起做练习。

4. 各种动作采用不同幅度、路线、速度、频率的变化组合。

三、少儿趣味田径运动项目设计的要求

少儿趣味田径运动项目设计首先要遵循少儿趣味田径运动项目的设计原则，根据

使用人群的年龄，按照使用者的实际情况进行改编或创编。项目设计的一般要求有以下几点：

第一，根据使用对象的年龄及心理特点，为他们提供有吸引力的趣味田径运动项目。

第二，根据使用对象的年龄及生理特点，为他们提供容易参与的趣味田径运动项目。

第三，根据田径项目基本技术特点，设计时要注意上下肢运动的合理搭配和运动量的合理控制。

第四，设计的项目要能让很多练习者同时积极地参与，相互鼓励，增强练习者的自信心。

第五，设计的项目量不要太大，主要培养练习者的兴趣、协调能力和运动技能。

第六，保持结果不可预测。这一点通过设计团队参与和不同的评分策略来实现。

四、少儿趣味田径运动项目设计的步骤

少儿趣味田径运动项目的设计与创编是保持项目趣味性特点的途径，也是少儿趣味田径运动项目拓展内容的方法。在设计少儿趣味田径运动项目时，要以设计和选择原则为准则，把握田径运动的基本手段和方法，尊重少儿的实际需要。

第一，确定设计项目的适用对象以及想要发展或提高对象哪方面的能力，然后进行构思并初步确定项目名称。

第二，用文字描述所设计或创编项目的练习方法、运用提示、安全保障和器材等。

第三，如用文字难以简单、清楚描述时，可用项目示意图加以说明，图文并茂，让使用者很容易地明确项目的使用方法。

第四，如果所创编的项目更适合进行比赛，则要制定评分规则与有关要求，包括确定成绩的方法、胜负标准、常见违反规则的情况、裁判员及协助人员的数量和裁判方法等。但此要求不是必需的，若是用于教学或锻炼的项目，则可以省略评分规则与要求。

第五，进行反复实验和修改。

第六，定稿。

五、注意事项

少儿趣味田径运动项目是专门为少儿设计研制的一种运动，它不是无原则地把田径运动进行简单化，而是在把握田径基本技术的基础上为更适合少儿参与田径运动而进行的科学改造，从而达到易于少儿参与，促进少儿学习田径基本技术，提高跑、

第三章 少儿趣味田径运动项目的设计与选择

跳、投基本能力的目的。为了更好地运用少儿趣味田径运动项目，在设计项目、组织教学和练习时要注意以下事项：

1. 做好宣传工作。对少儿趣味田径运动项目的特点、项目等利用图片进行宣传，使教师及练习者能更好地认识和参与这项运动。若能把少儿趣味田径运动项目和贯彻执行《练习者体质健康标准（试行方案）》以及学校的体育课教学要求等结合起来，将更有利于这项运动的开展。

2. 少儿趣味田径运动项目多富有趣味性，运用时要设计安排游戏性活动。这一点对于年龄较小的少儿更要注意，使用时必须能够把每一种训练情况转化成一种游戏，吸引少儿乐于参与。

3. 在何种情况下，对少儿都要提供正面的反馈。对于少儿来说，正面的、积极的反馈和评价能够受到鼓励，激发动机，树立自信，乐于运动。相反，反面的、消极的反馈和评价会让少儿远离趣味田径运动。因此，有条件时可以安排专人负责鼓励工作。一般情况下，组织者或教师也都要及时地给予正面的反馈。

4. 调整任务难度让少儿容易接受。每一位教师或教练员都要为每一项动作任务努力提出2~3级的难度水平，从而满足更多少儿进行活动的要求。

5. 组织运动会或比赛是一种非常好的方法。固定不变的活动内容和活动地点、单调的活动方式往往会使少儿参与活动的动机下降，产生厌烦情绪。因此，组织参加适宜的运动会或比赛活动对于喜欢挑战的少儿以及乐于竞争的少儿来说，是一个强烈的激励因素。变换环境条件是满足少儿好奇心强的需要。因此，经常采用比赛或运动会的方式能更好地促进少儿参与这项运动。

6. 做好准备活动和整理活动。人体各器官机能都有一定的生理惰性。在参加少儿趣味田径运动项目练习前必须做好准备活动，以提高大脑皮质神经细胞的兴奋性，克服人体机能活动的惰性，协调各器官系统的工作，为参加剧烈的练习做好生理及心理上的准备。练习结束时，为了让人体较快地恢复平静，消除疲劳，使紧张的机体转为放松，尽快适应后面的活动，要组织少儿做好放松运动。

7. 做好安全工作。少儿天生好动，活动起来会难以控制。因此，在组织练习者进行活动时，要从场地、器材、周围设施及教学组织等方面采取安全措施，并经常进行督促检查。

第二节　少儿趣味田径运动项目的选择

国际田径联合会在我国推广的少儿趣味田径运动是国际田联在德国趣味田径运动的基础上不断改造、不断选择的结果，可根据少儿趣味田径运动练习者的实际情况选择全部或部分项目进行练习，以达到优化锻炼效果的目的。因此，在组织少儿进行活动时，要根据少儿的年龄、身体状况等因素选择适合于少儿的项目进行活动。

一、国际田径联合会推广的少儿趣味田径项目

田径运动项目通常根据动作的特征分成跑类项目、跳类项目、投掷类项目和全能项目，以此分类来进行有针对性的组织教学与练习活动。少儿趣味田径运动项目根据田径运动的分类方式和自身特点，也相应地分成少儿趣味田径运动跑类运动、少儿趣味田径运动跳类运动、少儿趣味田径运动投掷类运动以及由跑、跳和投中的一项或两项组成的组合项目。表3-1和表3-2是对国际田径联合会推广的少儿趣味田径运动项目进行了分类，以便使用者在进行田径游戏活动或趣味竞赛时根据要求进行项目的组合与搭配，也有利于使用者有目的地运用各个项目对少儿进行合理的锻炼。这里给出一些少儿趣味田径运动项目的单项和几个组合项目以供参考，更多地组合项目还要求使用者根据使用对象合理地进行组合与搭配。各个项目的具体方法、操作及比赛规则，在本书第五章有专门介绍。有一点要特别指出，少儿趣味田径运动项目没有男女项目之分，男女参加的项目都一样，且进行活动和竞赛时要求男女混合组队。

表3-1　少儿趣味田径运动项目的单项

跑类项目	格子跑、短跑接力、跨栏跑、8分钟耐力跑、速度渐进的耐力跑、1000米耐力跑
跳类项目	跳绳、立定跳远接力、十字跳、撑竿跳远、沙坑撑竿跳远、短距离助跑跳远、精确跳远、限区域三级跳、短距离助跑三级跳
投掷类项目	跪姿投掷、少儿标枪、后抛实心球、障碍投准、旋转投掷、掷少年标枪、掷少年铁饼

表3-2　少儿趣味田径运动项目的组合项目

跑、跳、跨项目组合4项	短跑/跨栏跑对面接力、短跑/跃障碍/绕杆对面接力、一级方程式、短跑/跨栏接力跑

二、项目的选择

实际教学中，如何运用这些项目、哪个年龄段的练习者用什么项目更适合，就涉及项目的选择问题。但无论怎样，根据我国练习者的实际学龄情况和未来比赛情况来划分无疑是正确的选择。

（一）年龄的划分

根据我国教育部的规定："凡年满6周岁的适龄儿童，不分性别、民族均须入学，接受规定年限的义务教育。条件暂不具备的地区，经县级人民政府批准，可推迟到7周岁入学。"因此，我国各地少儿入学的年龄基本在6周岁。根据少儿的入学年龄、少儿身体发育状况及少儿运动能力发展情况，为便于组织活动，我们把少儿年龄与年级相对应进行分组为：6~8岁小学1~2年级组，8~10岁小学3~4年级组，10~12岁小学5~6年级组。练习者的年龄分布大致从6~13岁。

（二）项目选择的基本依据

因人体各系统发育敏感期的存在，人体的速度、力量、耐力、灵敏等身体素质也存在相应的发展敏感期。每种素质都有一个最大程度发展的专门时期，称为发展的"敏感期"。7~15岁少儿各种能力发展的敏感期如表3-3所示。由于性别不同，敏感期也略有不同，男女素质发展的敏感期见表2-4、表2-5。一般在13岁之前，人的各项技能的发展敏感期基本结束，速度、力量和有氧耐力等素质的第一次敏感期也基本结束。在某项素质发展的敏感期内进行发展这项素质的活动将快速提高这项身体素质。

表3-3　7~15岁少儿各种能力的敏感期

年龄（岁）	6	7	8	9	10	11	12	13	14	15
运动能力	0	×	××	××	××	×××	×××	×	×	××
时空变换	0	0	×	×	××	×××	×××	××	×	××
视听反应	0	0	××	×××	×××	×	×	×	×	×
方向感	0	×	×	×	×	××	×××	×××	×××	×××
节奏感	×	××	××	××	×××	×××	××	×	×	×
平衡感	0	0	×	×	××	×××	×××	×	×	×
情感和认知	×	×	×	××	××	×××	×××	×	×	×××

注：0表示不利，×表示较少有利，××表示有利，×××表示很有利。

选择项目时还要考虑到少儿身体全面发展的原则，即要考虑到上、下肢协调发展和各项素质均衡发育，所以选择项目要注意跑、跳和投掷项目的合理搭配。

三、少儿趣味田径各年级组的项目

综合考虑我国小学的入学年龄、学年安排、少儿的身体素质发展敏感期、少儿身体发育特征和促进少儿身体全面发展等因素，分别从少儿趣味田径运动项目的单项和组合项目中进行选择与合理搭配各年龄组的活动。

为了和国际田联少儿田径比赛很好地衔接，在选择项目时考虑涵盖国际田联少儿田径项目，把少儿趣味田径运动项目按年级进行了划分，如表3-4所示。

表3-4 少儿趣味田径运动项目

	少儿趣味田径运动项目的单项		
	跑	跳	投
1~2年级组	短跑/跨栏跑对面接力、格子跑、一级方程式、8分钟耐力跑	立定跳远接力、十字跳、跳绳、限区域三级跳	跪姿投掷、少儿标枪、障碍投准
3~4年级组	速度渐进的耐力跑、短跑/跃障碍/绕杆对面接力	撑竿跳远、精确跳远	旋转投掷、后抛实心球
5~6年级组	短跑/跨栏接力跑、短跑接力、跨栏跑、1000米耐力跑	沙坑撑竿跳远、短距离助跑跳远、短距离助跑三级跳	掷少年标枪、掷少年铁饼

表3-4中所示年龄组的不同，少儿参与的田径项目也不同。但这不是绝对的，教师可根据他们的个体差异进行适当的调整。同时，身体素质与运动能力发展水平不同的少儿也可以参加其他组别的活动。

第三节 不同年龄段少儿趣味田径运动项目设计实例与选择方法

年龄段不同参与的少儿趣味项目也不同，因此，本书为不同年龄段的少儿设计和选择了走、跑、跳和投四大类项目的练习方法，供少儿练习时选用。

一、1~2年级组走的设计与选择方法

走是人类基本的、重要的位移能力。对1~2年级的少儿来说，走是已经掌握的基本技能。但针对这个阶段少儿易出现的爱跑不爱走，走路姿势存在低头、耸肩、含胸、脚擦地和内外八字等不正确动作，此阶段要把自然走的正确动作方法教给儿童，形成自然走的正确概念和正确的走路姿态，因而把上体姿势、上下肢协调配合和脚的着地动作作为教学设计的重点。此处的自然走严格区别于竞走。竞走技术会

第三章 少儿趣味田径运动项目的设计与选择

对儿童身体发育产生不良影响，影响正确行走姿态的养成。根据 1~2 年级儿童身心发展特点，利用多变化和新颖性唤起儿童兴趣，设计时多采用游戏的方法调动他们学习的积极性。

1. 直线自然走

此项目以建立正确动作概念为目的，设计为正确姿势的自然走。要求走路时脚尖向前，步长适中，两臂自然前后摆动，双肩放松，抬头挺胸，目视前方。具体为组织 2~4 个练习者站成一排，每人站在一条直线上，统一按直线走，距离为 10~20 米。其余练习者 2~4 人分成一组，观察沿直线走的人并给予评价。

2. 矫正不正确动作姿势的走

如图 3-1—图 3-3 所示，头顶书（小沙袋）走、内八字走和外八字走依次用于矫正走路低头含胸、走外八字和走内八字等不正确姿态。练习方法是让少儿 4 人一排分别站在跑道线上，按相应要求匀速走 10~15 米，比谁走的动作姿态正确。反复练习以改正动作。

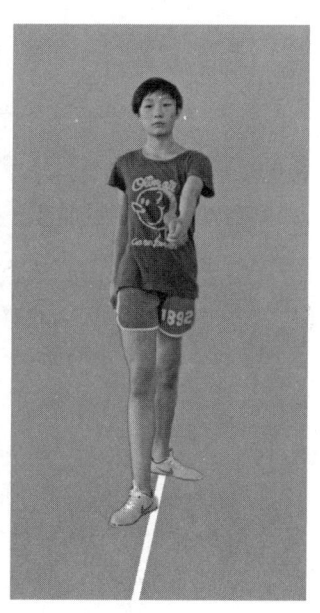

图 3-1　　　　　　　　图 3-2　　　　　　　　图 3-3

3. 发展膝、踝协调能力的走

如图 3-4 和图 3-5 所示，体前屈走，双手扶踝和膝走是发展踝、膝协调能力的走。练习时要时刻提醒练习者行走时以脚跟先着地，放松膝、踝。此练习可以在直线走练习后作为放松调解练习以二路纵队进行。

图 3-4

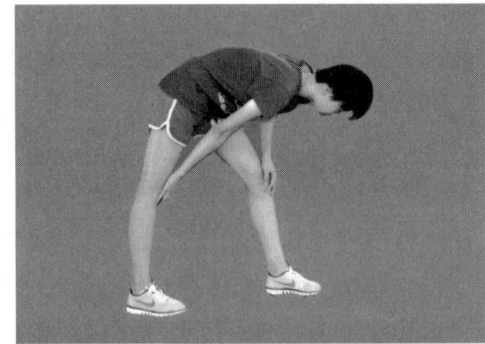

图 3-5

4. 发展走的能力的模仿各种动物的走

如图 3-6 和图 3-7 所示，模仿鸭子走和大象走，以及变化速度的走。这两个练习需要相关部位的力量，有一定难度，所以用短距离、多次比赛的方式进行。

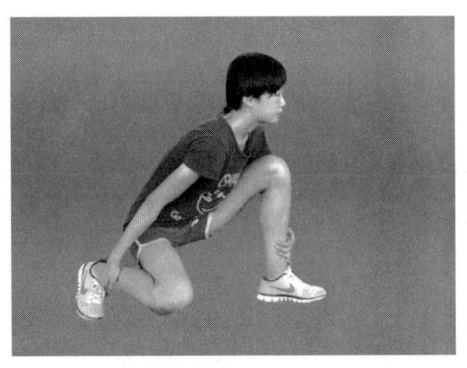

图 3-6

图 3-7

以上各种形式走的练习可以根据情况选择，并进行有针对性的练习。对于集体练习，可以采用分小组以游戏的形式进行。具体组织为：以 2~4 路纵队站立，按适当的音乐节奏做自然走，最后形成一定的图形，如 T 字形、Y 字形、十字形、圆形、8 字形、S 形等，同时根据情况从每组中选择一人进行观察记录，以提高其责任感。如 Y 字形直线走的方法可以 5~10 人一组，每人在一条跑道线上沿直线自然走，头顶小沙袋，走到指定位置站立，使队形成 Y 字形。要鼓励练习者创新，停下后形成不同的队形，并配以有节奏的音乐，以增加气氛，调动学习的兴趣。如图 3-8 是由 4 列横队变成数字"3"；图 3-9 是由 2 列横队变成"Y"。

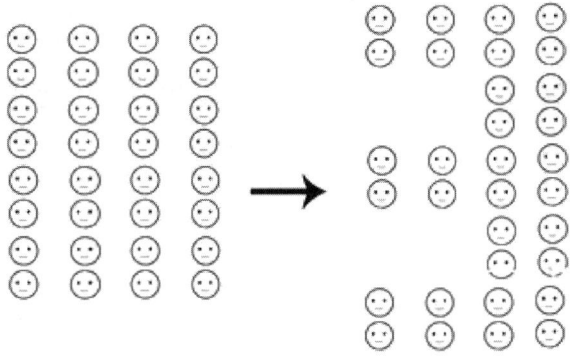

图 3-8

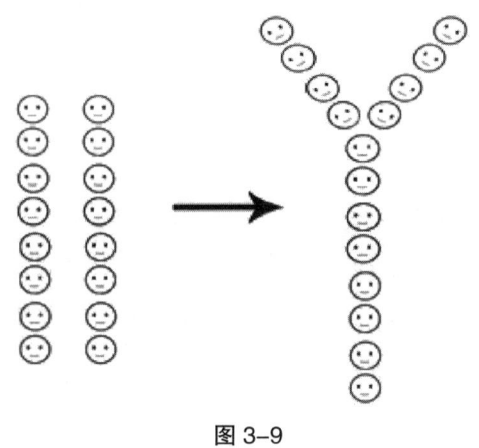

图 3-9

二、不同年龄段少儿趣味田径跑类项目设计与选择方法

跑是人类的基本运动能力之一。少儿时期是人们学习跑的技术、发展跑的能力的重要时期。但单纯地跑对少儿来说没有多大的吸引力，他们更喜欢追逐，因此，可以通过适当距离的、集体的、追逐性的平跑和越过障碍的跑来发展少儿跑的能力。

（一）少儿趣味田径跑类项目设计、选择形式与要求

跑的技术在田径运动技术中是较为简单的技术，也是最基本的技术。跑对少儿来说尤其重要。跑的距离和强度一定要适合少儿，并根据其年龄严格规定跑的距离、时间、路线和顺序，促使他们养成良好的跑的习惯和形成正确的跑的姿态。有研究表明，大部分少儿更喜欢集体活动，和单独游戏相比，他们更喜欢与他人合作共同完成

任务。所以少儿趣味田径运动跑类项目设计的基本思路是设计成集体合作的形式。

(二) 1~2年级组少儿趣味田径跑类项目的设计与选择方法

1~2年级的练习者年龄一般在6~8岁，他们的运动能力相对较弱，因此应根据情况循序渐进地增加要求。同时，根据少儿身体素质发展的敏感期规律，紧紧围绕少儿身体素质发育的敏感期特点来设计项目。

6~8岁少儿的节奏感开始进入敏感期，也就是进入培养节奏感的最佳时期。格子跑、短跑/跨栏跑对面接力、8分钟耐力跑等是这一阶段国际田联设计的基本项目。

格子跑主要发展少儿的速度素质，且难度小，强度易控制。一般情况下格子间的间距是0.5米，但在具体设计实施时，可以根据少儿的能力情况，适当增加或减少0.1米，以提高或降低练习的难度。强度的控制可以通过增加或减少格子的数量来达到，也可以通过增加单位时间内练习的次数来实现。为了提高格子跑的练习效果，根据少儿的运动情况，可设计出以下几种练习的方法。

1. 格子节奏跑一

在一定宽度的格子上有节奏地跑。练习者先在间距为0.4米、0.5米或0.6米的格子上跑过30个格子后，以指导者有节奏的掌声为参照继续跑进约10~15米的距离。这个项目主要发展少儿的速度素质，所以格子的间距非常重要。比赛或练习时要根据练习者的实际情况调整格子的间距及格子的数量。器材设置为两条长约20米的绳子平行放置，中间用彩色的带子相连，每间隔0.4米、0.5米或0.6米系一条彩带，形成一个有30个间隔的格子梯（图3-10），或直接在地上画出格子。要求跑的过程中不能踩到彩带，每踩到一次彩带或未踩到一个格子，终点的位置将临时移远1米，当下一人开始时，终点又回到原处。

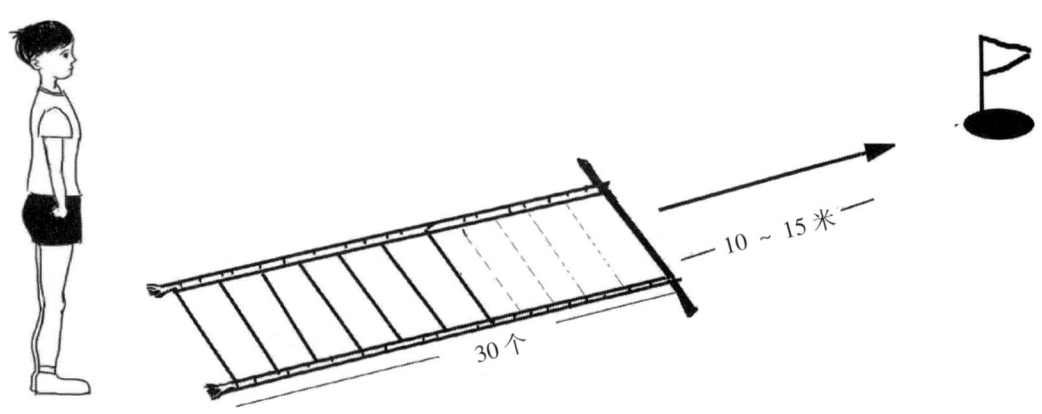

图 3-10

2. 格子节奏跑二

同上一个练习，练习者跑过30个格子后，以自己先前跑的节奏为参照继续跑进约15米的距离。

3. 下坡格子跑

在有条件的地方，为进一步增加练习的难度和强度，让练习者在一个略微倾斜的（倾斜度最多为2%）带有逐渐变窄的格子的坡上进行。让练习者快速跑下，并确保每一只脚总是在两条相邻的彩带之间着地。跑进距离控制在20米左右。此项目可用于教学或训练。如图3-11所示。

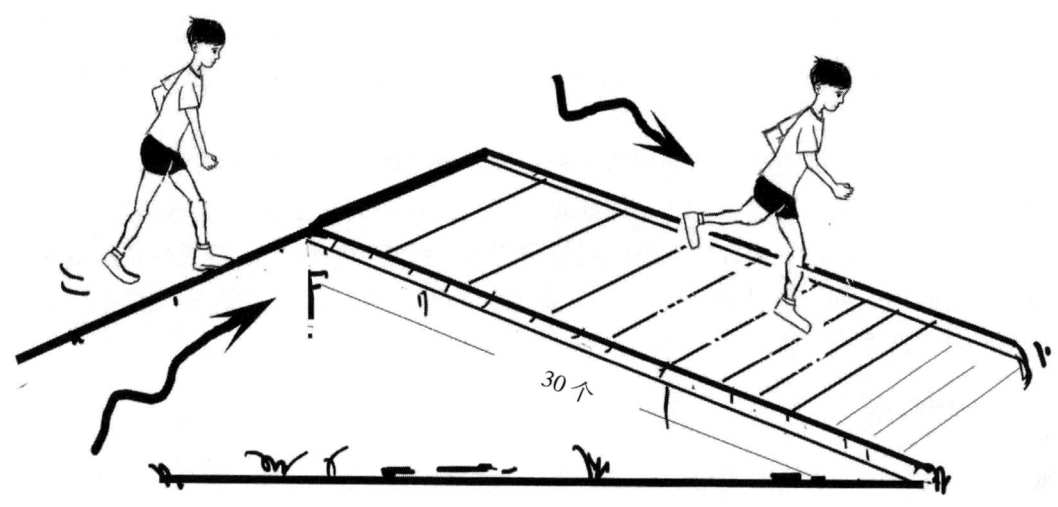

图3-11

4. 格子接力跑

如图3-12所示，在长20米的一段跑道上放两个圆锥筒。练习者持接力环一步一格（每格宽0.5米，有格子的部分为10米）跑到第一个圆锥筒，并把接力环套在小筒上，继续跑到另一圆锥筒处取下一个接力环后，快速平跑返回交给下一名练习者继续做，如此反复，直到全组人完成。

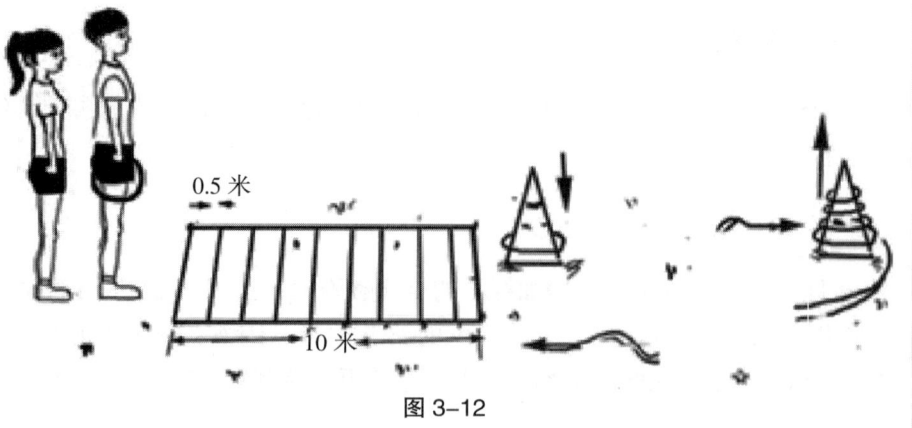

图 3-12

5. 沿线跑

让练习者对准跑道线沿着直线自然放松跑 20~50 米，看谁的脚落点距跑道线近。组织其他没跑的人在练习者跑进方向的正前方和正后方观察练习者跑进时脚的落点。此练习能让练习者养成直线跑的习惯，并提高练习的兴趣。

少儿耐力素质是随着循环系统的不断完善和运动系统功能不断增强而发展的。尽管这个年龄段不是发展耐力素质的敏感期，但适当地练习对少儿的身体还是必要的。练习耐久跑要求少儿学会有意识地控制好跑的节奏和呼吸，而且要根据少儿的实际能力来确定跑的时间。集体跑 5~8 分钟是常见的练习方法。这里介绍三种趣味性较强的发展耐力素质的方法。

6. 营救跑

3~6 人在同一个绳圈内沿同一方向跑不同的路线（图 3-13），持续跑 5~8 分钟。此项目为情景式耐力跑。跑步前组织者向练习者说明本次跑步任务的情景是营救被困的伤员。营救任务决定跑的时间和参与跑步的人数，一般为 3~6 人。跑的路线可以是现有的 200 米或 400 米的跑道，也可以是直道的折返跑。跑的过程中，每个人的位置可以随时变换，让练习者感受不同位置的变化，培养练习者跑的能力。如做"伤员"大转移时，可慢跑 8 分钟；做"伤员"临时转移时，则慢跑 3 分钟。

图 3-13

7. 成功体验跑

如图 3-14 所示，1 人（或多人）在同一起跑线上听哨声以自己的速度向同一方向跑，当组织者再次鸣哨时，表示停止跑动，组织者在其停止的地方做上"△"记号，然后让练习者以此"△"为起点向原始起点方向跑，并观察记录他们跑回到原始起点的情况。跑的距离可根据年龄、性别由组织者决定。一般为 200~300 米。此练习意在培养速度知觉，并不单纯地以跑速决定好坏。所以，多用于对培养练习者的自信心。适用于各年级组的练习者。

图 3-14

8. 火车挂厢跑

如图 3-15 所示，把练习者分成人数相等的几组，根据其年龄、性别和体质情况决定进行 20~50 米长的火车挂厢跑练习。练习开始，每一组的前两位练习者拉手从起点线起跑，跑过 20~50 米的标志线后，再跑回起点，拉上本组的第三位练习者，三位练习者手拉手一起沿相同的路线跑过标志线，再返回，以此类推，直到本组练习者全部拉手一起跑完回到最初的起跑线为止。

图 3-15

少儿传接棒的能力也要经过一个发展过程，从面对面的传接棒/环（此时用软环代替接力棒）向面对背的传接棒/环（此时用棒多，用环少）发展。因此，本阶段是用面对面传接软环来实现接力。下面的两个练习是用面对面传软环的方法来接力的。

9. 静态性的接力

如图 3-16 所示，同一队的练习者平均分成两组，两组人分别站在两条相邻跑道的两端，对面站立，每一个练习者都要从一端平跑到另一端，完成穿梭接力并面对面交接接力环。如果要增加练习的难度，可以采用增加跑的距离来实现，距离可为 30~50 米，可以组织 2 队或 3 队同时进行。此项目可用于教学或训练。

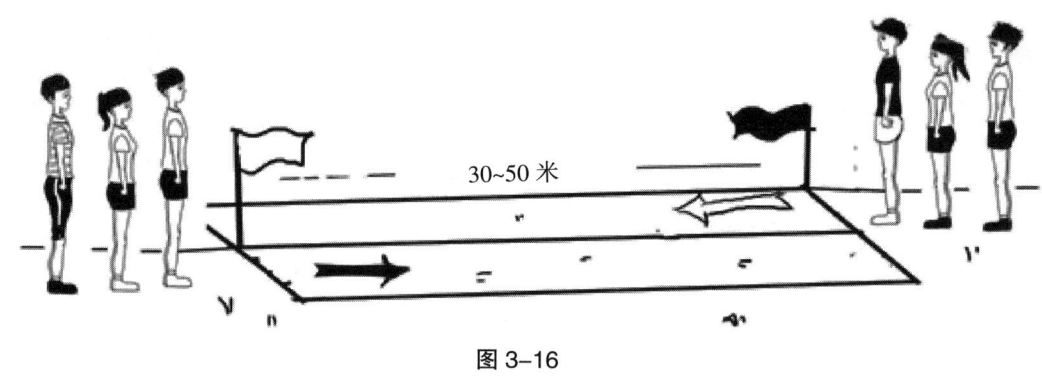

图 3-16

10. 跨栏跑接力

如图 3-17 所示，同一队的练习者平均分成两组，分别站在两条相邻跑道的两端，一条跑道放置 3~5 个少儿栏架，另一跑道不放栏架。练习者对面站立，每一个练习者都要从一端跨栏跑到另一端，完成面对面交接接力环后站到排尾。接环的练习者从无栏的跑道跑到对面，完成左手对左手的交接环后也站到队尾，直到所有练习者都完成一次跨栏跑和一次平跑结束。若想增加难度，可以通过增加跑的距离、增加栏架的数量、增加栏间距离及栏架高度来实现。一般距离为 40 米，设 4 个栏架，栏间距离为 6 米，栏架高度约为 0.5 米。但这些都可以根据少儿的实际情况加以调

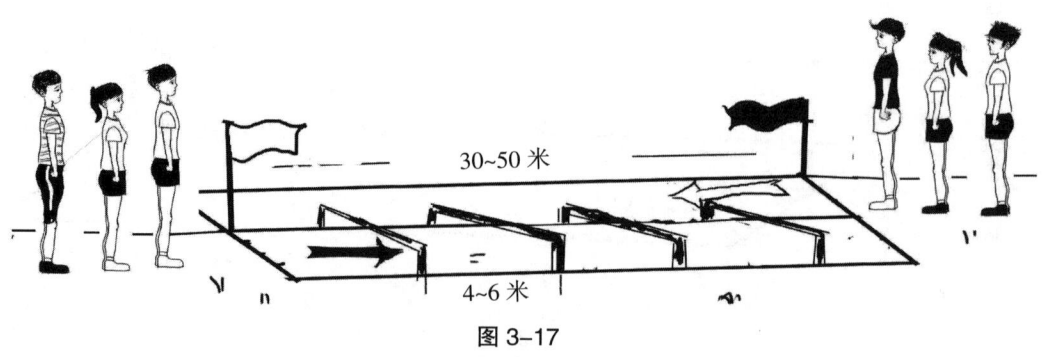

图 3-17

整，如距离从 30 米到 50 米、栏间距离从 4 米到 6 米、栏高从 0.2 米到 0.5 米均可。另外，因为是静态的面对面接力，所以每一队都要用两条跑道。此项目可用于教学或训练。

（三）3~4 年级组少儿趣味田径跑类项目的设计与选择方法

3~4 年级的练习者年龄一般在 8~10 岁。此时的少儿运动技能开始进入快速发展的阶段（见表 3-3）。在这一阶段少儿的时空变换能力、视听反应能力、节奏感及平衡能力都进入发展的敏感期。运动能力的发展是一个循序渐进的过程。根据少儿的需要和技能水平，要渐进地提供练习的项目和内容，从而使少儿参与过程及所要达到的目标变得较为容易接近，且能具有一定的教育性而激发少儿参与运动的动机。这一阶段国际田联设计的主要项目为短跑/跃障碍/绕杆对面接力、速度渐进的耐力跑。这主要为发展少儿的时空变换能力、节奏感和速度素质。这一阶段的接力跑仍是传棒者和接棒者异向跑进，面对面地传接棒，并用软环代替棒。视、听反应也是此阶段要发展的能力。练习时，跑的距离可根据少儿的年龄和运动能力确定，从而达到不断增加难度的目的。根据少儿的运动情况，可设计出以下几种练习的方法。

1. 听信号起动快速跑

如图 3-18 所示，练习者站在一个圆周上，面对不同的方向做好准备，听到信号（口令、哨声、击掌等）后，快速起动跑 5~10 米。比谁起动快，跑得快。起跑的姿势可以变换，如蹲踞式、半蹲式及站立式等。

图 3-18

2. 起动追拍跑

如图 3-19 所示，两列横队面对面站立相距 3 米，一队为甲，另一队为乙。当组织者喊甲时，乙队反向跑，甲队追赶，甲队有某人拍击到乙队某人的背部即为追上，一次练习结束。追拍的距离在 20 米以内。

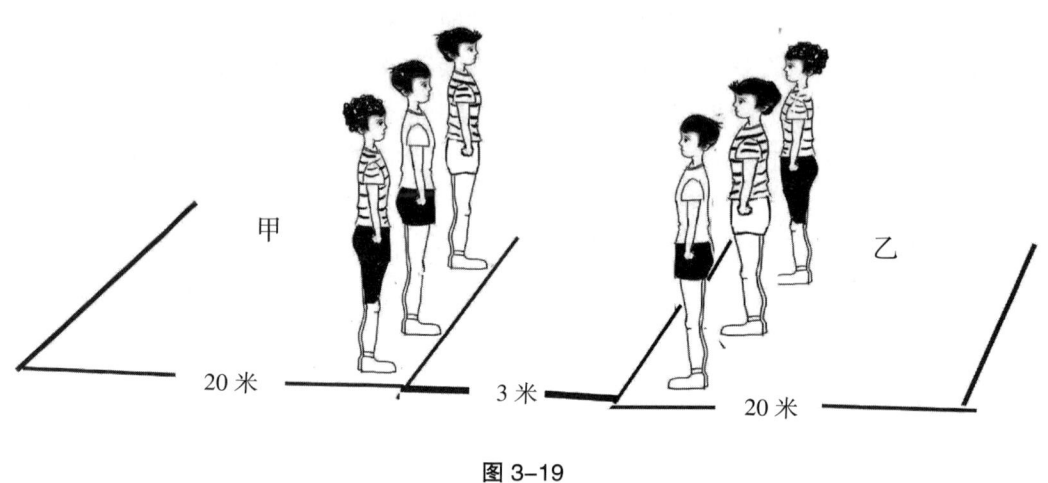

图 3-19

3. 变速跑

练习跑 80~100 米，可以采用 20 米快跑—20 米慢跑—20 米快跑—20 米慢跑的变速跑法，也可以采用 30 米快—30 米慢—40 米冲刺的变速跑法。此练习可提高练习者神经系统灵活性和内脏器官系统的适应能力。练习者按组进行，组内同伴间相互鼓励，共同完成任务。

4. 伴同跑

2~3 人一组，一同跑 100~150 米，要求速度、节奏保持一致，并提倡相互帮助。如速度快的练习者要照顾跑得慢的练习者，并对他们加以鼓励。

5. 领头脱离本队接力跑

如图 3-20 所示，把练习者分成人数相等的几队，成纵队跑进，做绕两个标志物的接力跑。每队第一人手持接力棒/环，听到信号后快跑追上本队的最后一人后，将接力棒/环面对背地传给他，他再面对背依次将棒/环传到排头，排头接棒/环后再快跑，追上本队最后一人，依次进行，直到本队最后一名练习者跑回队尾且把接力棒/环传回排头结束。本项目可以一队进行，也可以几队进行比赛。

图 3-20

6. 低障碍跑

如图 3-21 所示,练习者沿设定的路线跑进,先做无障碍跑过去,跑回时跨越各种低的和宽的障碍,完成接力。障碍的数量为 3~5 个,距离为 40~80 米。练习者同队的其他人在场边等待。本练习两队以比赛形式进行。

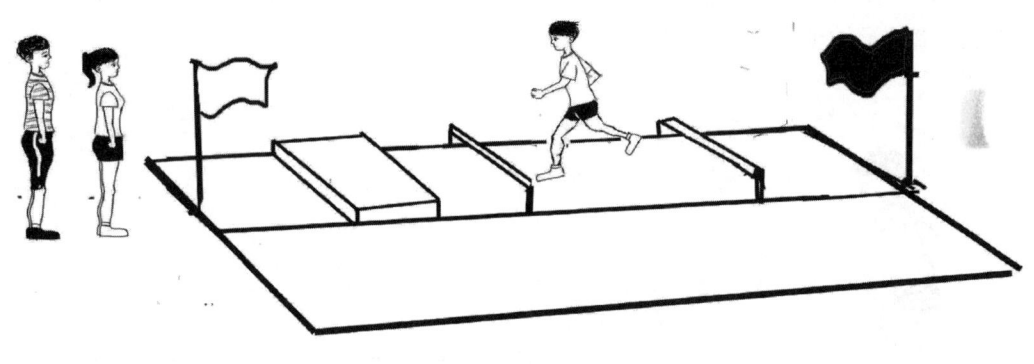

图 3-21

7. 钻跨练习

如图 3-22,练习者沿设定的路线跑进,先由无障碍跑道跑到对面,绕过旗后跑回时钻过和跨越各种高的、低的和宽的障碍后,与本队练习者完成面对面接力。障碍的数量 3~5 个,距离为 40~80 米。练习者同队的其他人在场边等待。本练习两队同时以比赛的形式进行。

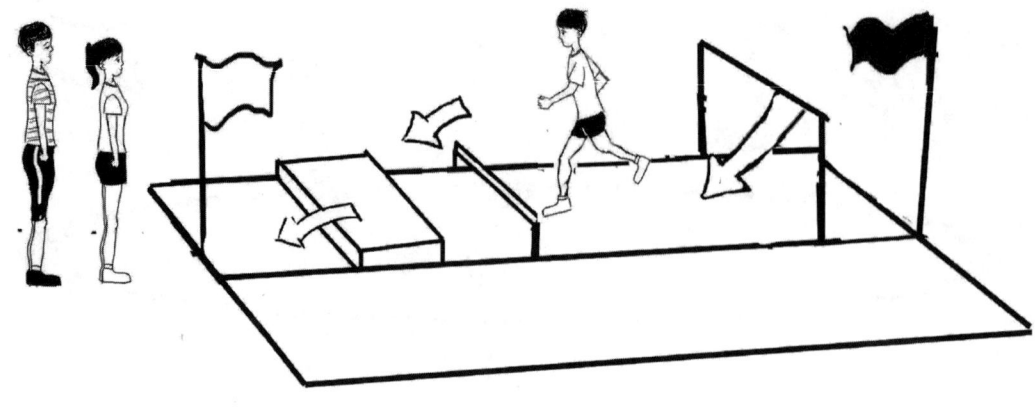

图 3-22

8. 攻克第一栏

如图 3-23 所示,练习者 2~8 人一组,分两组依次起跑跨过规定距离的 3 个栏架。先跨"1"栏,若成功跨过,则从栏旁走回起点,接着跨"2"和"3"栏;若没跨过,则要走回到起点再跨一次,直到跨过为止。依次进行。本练习以积分的形式进行,"1"、"2"和"3"栏的得分依次为 1 分、2 分和 3 分,得 6 分为最好分数,即每个栏都是一次跑过。若未能一次通过,则以后每多跑一次分别加相应的分数。最后根据两组各自的总分决定优胜,分数少的较好。此练习也可以两个人进行比赛。要求放松自然跑,不能迈大步或小步。

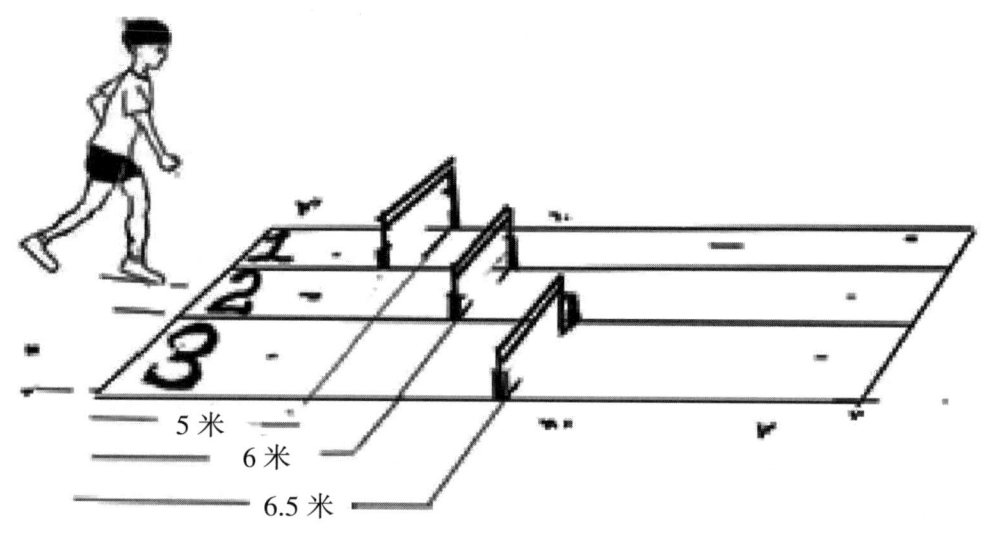

图 3-23

9. 跨栏角跑

如图 3-24 所示，练习者站在两条跑道中间，跑进时依次跨过左右两侧的栏角，若练习者左腿为摆动腿，则左腿以摆动方式摆过左侧跑道的第一个栏架的栏角，右腿为起跨腿则右腿以折叠提拉向前跨过前方右侧第二个栏架的栏角；若左腿为起跨腿，则左腿折叠提拉向前跨过左侧跑道第一个栏的栏角，右腿摆过右侧第二个栏架的栏角，依此向前跑进跨过左右两侧的栏角，绕过标志旗后按路线返回时，同样在中间跑并按上述方式跨过或摆动过左右栏角，两人面对面交接环后，下一人继续按上述方式进行，计全组人完成的时间。距离为 20~40 米。每道可放 2~4 个栏。本练习可做两队比赛（注：此栏架为前后都可以倒的小栏架，不是只能向前倒的标准栏架）。

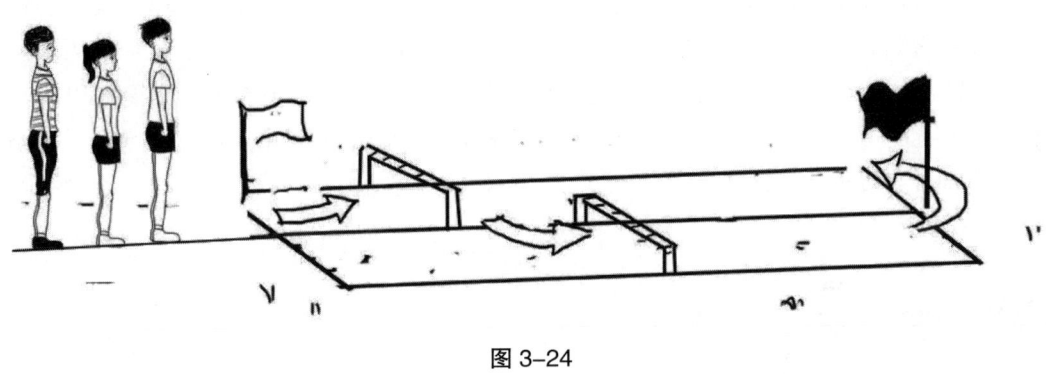

图 3-24

10. 匀加速耐力跑

2~10 个练习者在如图 3-25 所示的方形场地上跑。要求跑完每段的平均用时约为 15 秒，或根据练习者的情况适当增减。跑动中注意放松。指导者要不断给出关于时间的提示，如"跑快点""稍慢点"等。跑动距离为 600~800 米。

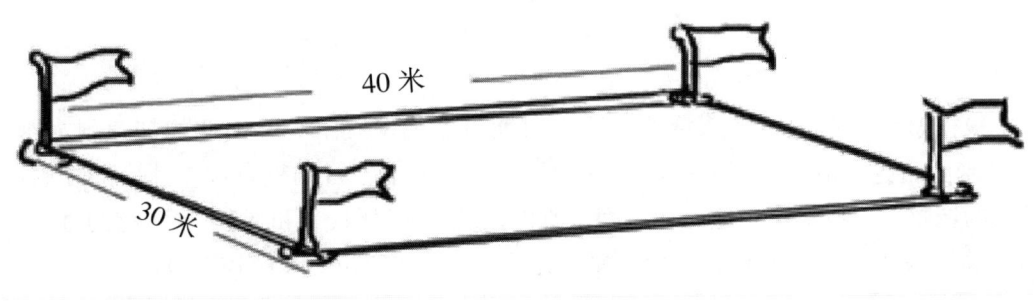

图 3-25

（四）5~6年级组少儿趣味田径跑类项目的设计与选择方法

5~6年级的少儿年龄一般为10~13岁。11岁左右的少儿开始进入发展一般耐力的时期，但一般耐力的发展缓慢。12岁以后进入耐力素质发展较快的时期（见表2-4和表2-5）。耐力水平男孩在10岁、13岁，女孩在9岁和12岁时增长最快，是耐力发展的敏感时期。综合考虑速度素质和耐力素质的发展，这一时期的项目设计为短跑接力、跨栏跑、短跑/跨栏接力跑和1000米耐力跑。但这一阶段的接力以动态性的为主，难度和强度与前两个阶段相比提高较大。

这一阶段的跨栏跑设计，如图3-26所示，从形式上看已经很接近成人的跨栏跑。这个练习对起跑上第一栏的距离（10米）、栏间距离（6.5米）和最后一栏到终点的距离（10.5米）都有明确的要求，目的是为了发展少儿的节奏感及速度素质。设计的可变之处在于可根据少儿的运动能力，适当增加或减小栏间距离（为6~7米），也可以增加一个栏，组成5个栏的跨栏跑，但栏架的高度（约0.5米）不变，以有利于提高少儿的过栏技术。练习时，两组同时进行，一组两条跑道，先跨栏跑到对面绕杆平跑回来交接棒，依次进行。

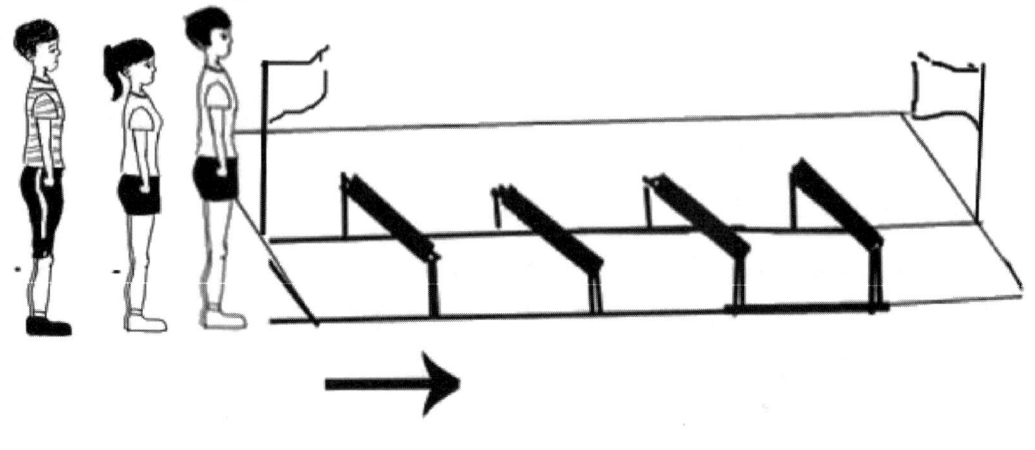

图3-26

根据素质发展的敏感期特点，这一时期重点是发展耐力，因此匀加速耐力跑、1000米耐力跑等应成为这一阶段设计的重点。这两个项目的重点放在速度的控制和呼吸的调整上，要求均匀地增加速度。所以在设计项目时，用时间来控制跑的过程成为关键。为此，根据少儿的耐力水平设定少儿的匀加速耐力跑每跑100米所用的时间，如第一圈用36秒，那么第二圈也争取用36秒，以后每两圈速度提高一点，每圈用时少2~3秒，最终形成速度均匀提高。练习这个项目时，指导者的指导与提示很重要，每圈都要给练习者以精确的指导，如"跑快点儿、稍微慢点儿、保持速度"

等。若条件允许，一个相对固定路线的越野跑是这一阶段很好的练习项目。

1. 跟随耐力跑

5~10 人一组一起跑进，每人以自己的节奏匀速领跑一圈。要求练习者成团队跑进。计跑完 1000 米的时间。

2. 标记跑

练习者在放有标记物的 30 米长的不同跑道上跑。每条跑道上的标记物距离不等，但同一跑道内的标记物距离相同。练习者以不同的步幅跑，体验不同步幅跑的感觉，以掌握跑的技巧并提高跑速。

3. 弯道跨栏跑

在 40~60 米的距离内，把栏架放在划定的间隔位置上，以 3 步或 5 步的步伐节奏跑完栏间距离。本练习适合分组练习或个人练习。

4. 跑跳越绳练习

如图 3-27 所示，5 个练习者为一组跳绳，其中两人摇绳，间隔 4 米，共两组，组间间隔 6 米。练习开始，两组第一位练习者先跑跳越过本组绳，紧接着跑跳越第二根绳。第二位练习者紧随其后，不能间断，在规定的时间内，看哪组跑跳越绳的次数多。根据年龄、性别等设置练习时间。本练习可两队同时以比赛的形式进行。

图 3-27

5. 各种跳绳合作跑

如图 3-28—图 3-30 所示，采用两人平行分别用左、右手同摇一根绳跑跳，一人摇绳一人站在前面跑跳，两人在两侧分别用左右手同摇一根绳、另一人在中间、3 人一起跑跳等形式向指定地点跑进。这些练习可进行接力或其他形式的合作跑。

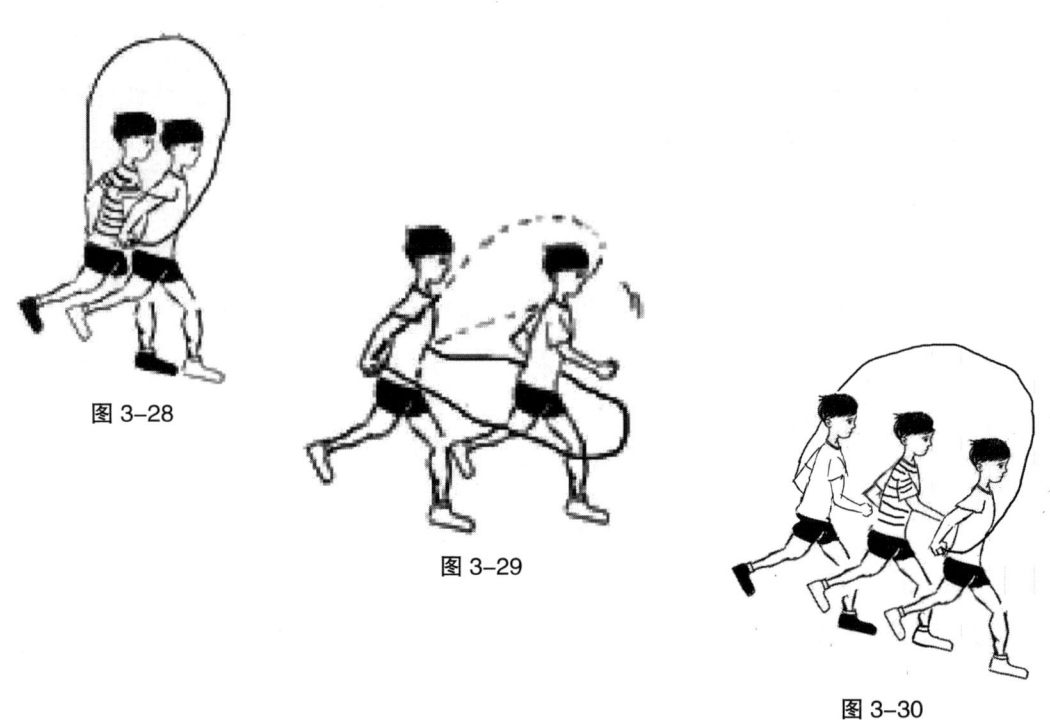

图 3-28

图 3-29

图 3-30

6. 放松跑

在直道或弯道上让练习者尽量大步跑并保持较大的摆臂幅度，体会头颈和肢体放松运动的感觉。此练习能提高对速度和肢体运动的感觉和控制。

7. 弹性跑

在直道或弯道上让练习者采用前脚掌着地的中速跑，体会正确的躯干姿势、摆臂动作和腿部技术，距离 30~60 米。

8. "8"字形跑

如图 3-31 所示，在场内画出直径为 8~10 米的 "8" 字图形。4 人（或 8 人）一组，间隔距离相等，按 "8" 字路线沿同一方向跑进，后面一人追前面一人，手触前面的人为追上，被追上者停止跑步，直到余下一人时练习结束。跑的时间可根据发展素质的不同要求而定，一般一组跑 4~6 分钟。

第三章 少儿趣味田径运动项目的设计与选择

图 3-31

9. 变换路线跑

改变传统的在直道或弯道上跑的形式，进行变换路线的图形跑，如跑五角星形，一人从一个交叉点出发沿着这条线跑，每跑到一个交叉点要改变跑进的方向，直到跑过所有的角和边线为结束。可以重复跑过某些边和点。此练习可以若干人分别跑，计时比较快慢。另外，还有对角线跑、螺旋形跑、梅花形跑等。此练习可作为调节情绪的跑动练习。

10. 记忆往返跑

根据练习的人数分成若干组，每组不少于3人，如图 3-32 所示站队。活动开始，每组每次一人跑到图形前，任意翻开一张扑克牌，看一下牌面，若"扑克牌正确"则正面向上放在原处，若不正确正面向下放回原处，跑回本组队尾；由本组下一个组员再跑去翻动扑克牌，方法同上，按此进行，直到所有扑克牌按顺序依次翻

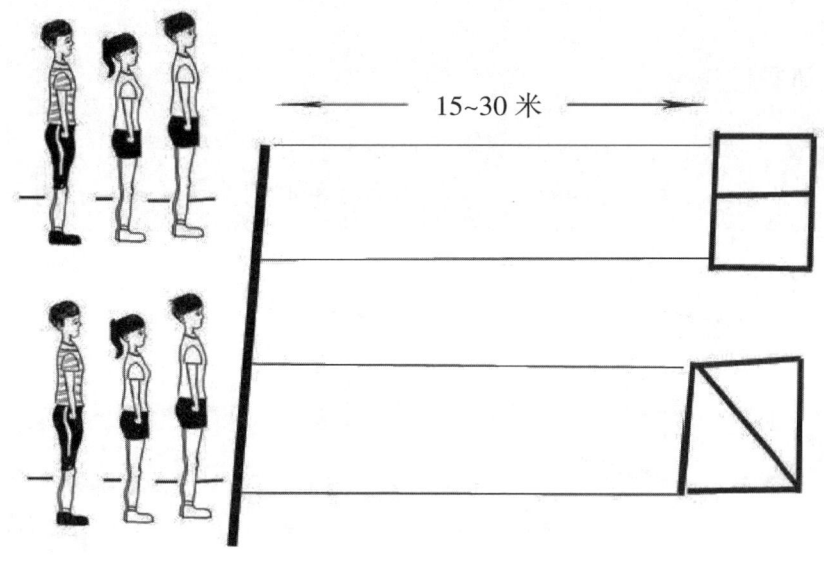

图 3-32

69

开，本轮活动结束。比较哪个组先完成任务。这里所指的"扑克牌正确"是指第一个被翻开正面向上放置的是"红桃A"，第二个正面向上放置的是"红桃2"，以次类推。即同一花色数字从小到大依次正面向上放置。图形由13张同一花色（或26张两种花色）的扑克牌任意摆放成数字"四"、简单汉字"田"或简单图案"○"等图形，各组图形及摆放顺序都是随意的。队伍和图形间距离根据练习者年龄可在15~30米之间。

此阶段设计的接力项目为传棒者和接棒者同向跑进，接棒者可以用面对面的接棒转身跑进的方式，可以用侧身接棒跑进的方式，也可以用跑动中面对背接棒直接跑进的方式。当然，传接棒的难度也是逐渐提高的。本阶段用于传接的器材用软环和棒都可以。但若是用面对背的、跑动中传接棒的方式时，最好用接力棒。

11. 动态性接力一

如图3-33所示，各队的第一练习者由起点持棒跑完规定的距离，在接力区内与第二练习者完成面对背的交接棒后，第二练习者同样跑完全程后交棒给第三练习者，全队依次跑一次。根据练习者的运动能力，跑的距离可在60~100米之间。接力区的大小可为8~15米。此项目可用于教学或训练。

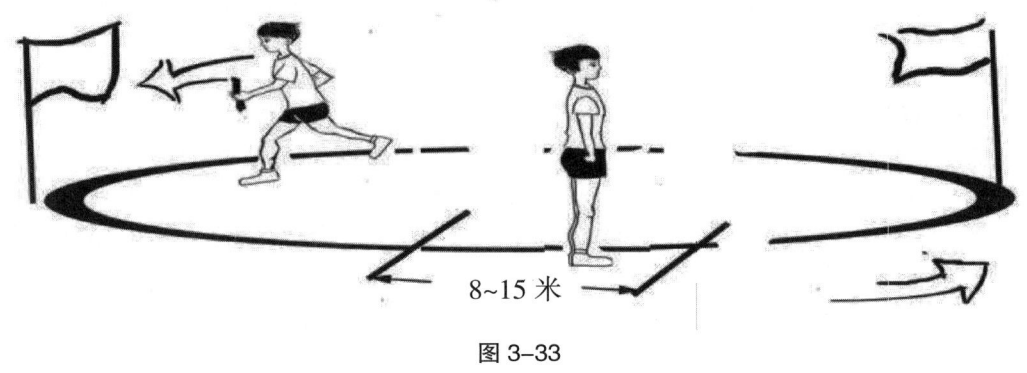

图3-33

12. 动态性接力二

如图3-34所示，在非接力区一侧摆放1~3个栏架，练习方法同"11"，只是要跨过栏架。根据练习者的运动能力，跑的距离可在60~100米之间。接力区的范围可以在8~15米之间。此项目可用于教学或训练。

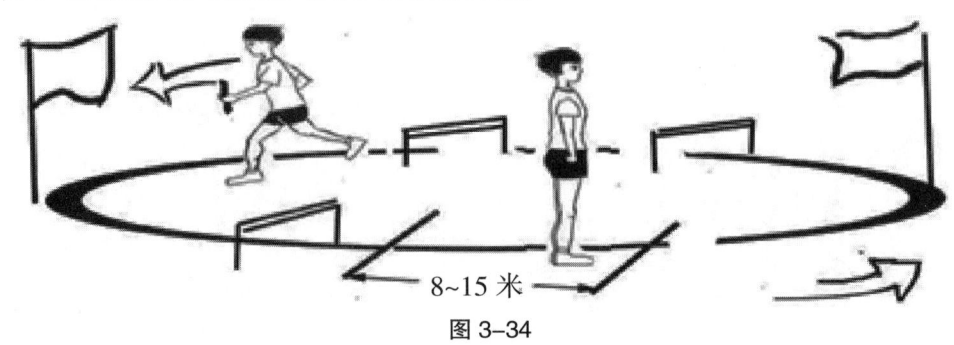

图3-34

三、不同年龄段少儿趣味田径跳类项目的设计与选择方法

跳跃能力是人类的基本运动能力之一。少儿时期是学习跳跃技术、发展跳跃能力的关键时期，变换形式的各种跳跃运动不仅能发展少儿的跳跃能力，还能促进少儿协调能力和平衡能力的发展。通过适当难度的、集体性的、有竞争性的跳跃来发展少儿跳的能力，培养运动兴趣，可为将来参与各种运动做准备。

（一）少儿趣味田径跳类项目的设计与选择方法

跳的技术在田径运动技术中是相对较难的技术，对少儿来说，从双脚跳到单脚跳是腿部力量提高的表现，也是协调能力得到发展的表现。这里的跳类项目如跳绳、立定跳远、十字跳和限区域的三级跳等，都是严格遵循从简单到复杂、从垂直的纵向跳跃到横向水平跳跃的发展方向，确保活动的形式和活动的难度都基本适合少儿身体和心理发育阶段。对低龄少儿多以低难度、变换形式的跳为主，主要发展协调性和培养跳的能力；对中高龄少儿则要求一定的难度，且对技术动作有了一定的要求，尤其是对起跳的技术提出明确要求，其主要目的是促使少儿形成基本正确的踏板起跳技术和较好的跳跃节奏。

跳类活动本身特点是每项都可独自比赛，但少儿趣味田径运动在组织上要求均以集体为单位参加活动，要求少儿能相互鼓励、团结合作、积极参与，并且队伍中的每个人均有两次或三次机会参赛，取其最好成绩计入到其集体成绩中。

（二）1~2年级组少儿趣味田径跳类项目的设计与选择方法

1~2年级（6~8岁）是少儿技能发展的主要阶段。这一阶段从发展少儿跳的基本能力入手，设计了15秒跳绳、立定跳远接力、十字跳及限区域三级跳远。15秒跳绳和立定跳远接力是分别发展少儿最基本的纵向跳跃能力和水平跳跃能力，其方法简单实用，是这一阶段发展跳的能力最主要的项目，也是运动技能学习所有阶段发展跳跃能力的基础项目。

跳十字是这一阶段的重点项目，它是在一定时间内，按一定顺序双脚跳跃完成一个循环，即中—前—中—后—中—左—中—右—中，以完成次数的多少来评定成绩，以此来发展少儿腿部力量及灵敏和协调能力。根据难度的高低可设计出以下几个项目：

1. 十字跳的左右跳

如图3-35所示，练习者站在两条线的中间，双脚起跳向左跳一次后跳回到中间，再向右跳一次后跳回中间，完成一个轮次，计单位时间内完成的轮次。集体活动时，可组织每人跳两个单位时间，以两个单位时间内完成轮次较多的一个单位时间的次数计入集体成绩。单位时间根据练习者的情况定为 5 秒或 10 秒。

图 3-35

2. 十字跳的前后跳

此练习的方法与程序同上，所不同的只是跳跃方向为前后方向，如图 3-36 所示。

图 3-36

3. 左右连续侧向跳跃

双脚先向左连续跳跃 3 次，接下来向右连续跳跃 3 次为完成一个轮次，计单位时间内完成的轮次。集体活动时，可组织每人跳两个单位时间，以两个单位时间中完成轮次较多的一个的次数计入集体成绩。单位时间根据练习者的情况定为 10 秒或 15

秒。此项目可用于教学或训练。

4. 十字跳的蛇形跳

如图 3-37 所示，练习者站在以 0.3 米为边长画的蛇形图形"1"处，向图形中所标示 1—10 的数字方向做双脚跳 10 次，然后再沿着图形向相反方向双脚跳 10 次，回到"1"处，计完成的时间，以此时间来比较成绩的好坏。

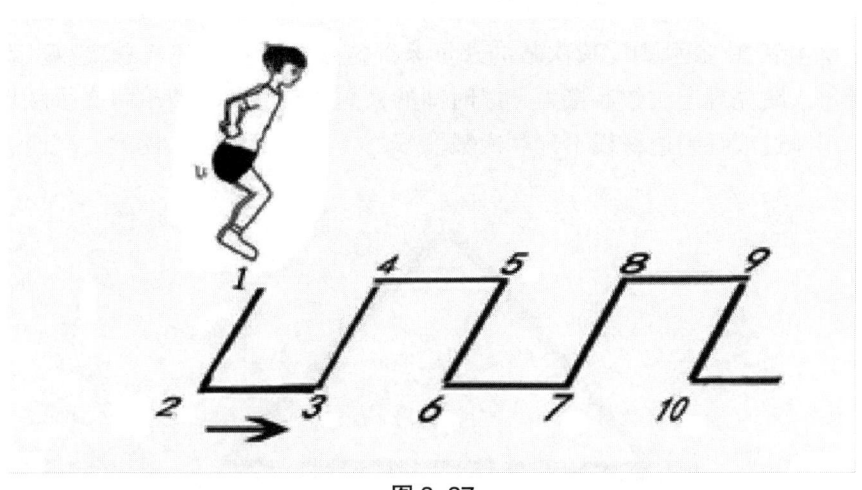

图 3-37

5. 立定跳追逐

如图 3-38 所示，在运动场上根据练习者的年龄、性别画一正方形，每角放一小旗作为起点，每个角上站一人。用猜拳法决定起跳带头人。带头人双脚依次沿方阵边线向前跳，而且努力追前面的人，如有一人被追上，则本组练习结束，换下一组练习。

图 3-38

6. 跳三角

如图 3-39 所示，设置一个边长为 0.5~1 米的等边三角形的薄泡沫垫，或直接在地上画出边长为 0.5~1 米的等边三角形。练习者在 15 秒内按一定顺序以双脚跳完成一个轮次，即中—左前侧—中—后—中—右前侧—中，计算每个练习者 15 秒内完成的轮次数量。这个项目比跳十字简单些，但有侧方向的移动，所以要提示练习者注意安全。练习或比赛的时间也可根据情况适当增减。每个队每个练习者依次进行，以每个队每个练习者在 15 秒内完成次数的总和来评定成绩。各队完成总次数多者名次在前。或者每人跳完规定次数后接力，以时间的长短决定胜负。要求每次跳跃均要跳过边缘线，未跳过或踩到边缘线不计算次数。

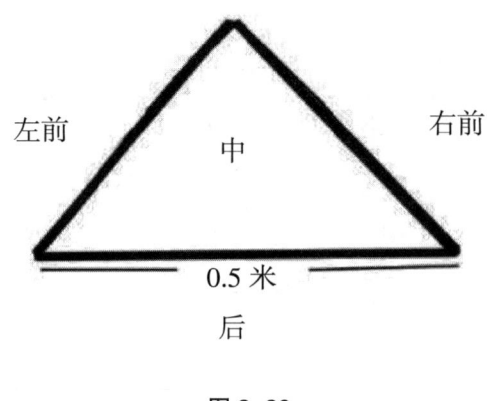

图 3-39

7. 跳复杂的图形

先设计并编排好跳跃的顺序，按顺序完成前、后、左、右或侧向的跳跃。如图 3-40 所示，1 到 2 为转身跳，2 到 3 为立定跳，3 到 4 为后向跳，4 到 5 为转身跳，5 到 6 为转身跳，6 到 7 为后向跳，7 到 8 为立定跳，8 到 9 为侧向跳跃。此项目是调节情绪的练习，单人跳计时，根据时间评定成绩。

3	4	2
5	1	9
7	6	8

图 3-40

以上项目均设计为双脚跳跃。为增加跳跃的难度,都可以用单脚来完成。另外,以上项目设计基本为以水平跳跃为主。为进一步增加项目难度,也可以通过放置适当高度的障碍物来达到提高垂直跳跃高度的目的。

8. 跳绳(原地双脚跳)

30 秒计时,跳的次数多者为胜。

9. 跳绳(慢跑中车轮跳跑)

边跑边跳绳,跑去跑回共 30 米,接力进行。

(三) 3~4 年级组少儿趣味田径跳类项目的设计与选择方法

3~4 年级(8~10 岁)阶段少儿的运动能力、平衡感和时空变换等技能进入快速发展的阶段,所以这一阶段跳跃项目多选择发展这些能力的项目,主要有撑竿跳远、精确跳远。另外,1~2 年级组跳的项目,如跳绳、立定跳远接力也是这一阶段发展跳跃能力较好的项目。

1. 跳高低

如图 3-41 所示,练习者双脚蹬地跳到高处后再立刻跳下,注意上下肢配合,落地屈膝缓冲。可两人进行跳下跳上的追逐游戏,要求必须双脚跳上和跳下。

图 3-41

2. 袋鼠跳

如图 3-42 所示，练习者分成人数相等的几组，按一路纵队站立，每组一个袋子，画一个 10 米长的练习场区。当练习开始，每组第一位练习者向前跳并绕过标志物跳回，将袋子交给第二位练习者，以此类推，直到全队做完为止，比较各组完成练习所用的时间。

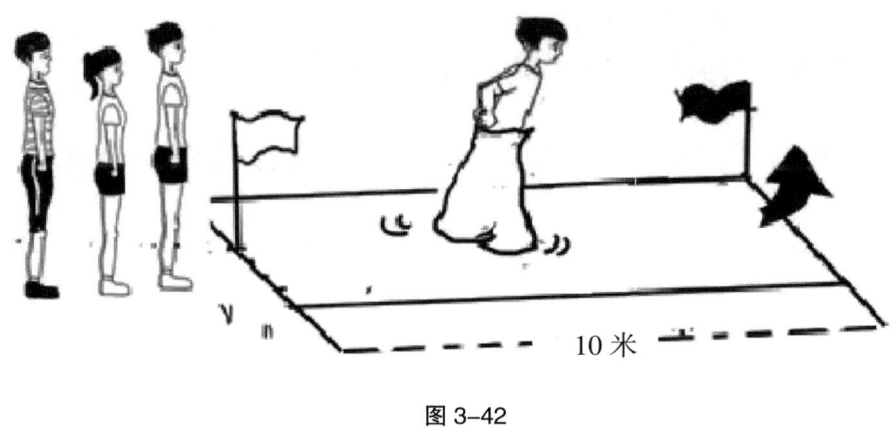

图 3-42

3. 高跳摸球

原地双脚起跳摸球，摸到的球其号码即为练习者本轮所得的分数。如图 3-43 所示，1~5 球的高度逐渐增加。本项目可两人进行比赛，也可多人以组为单位进行，每人有 3 次摸球机会，以所得分数中最高的分数计入本组成绩内。

图 3-43

4. 连续起跳成腾空步越障碍

如图 3-44 所示，在跑道上连续做上步起跳成腾空步越过低障碍物练习。每次都要单脚起跳，并且要求能连续越过 3 个障碍。

图 3-44

5. 助跑起跳成腾空步越障碍

在跑道上练习做 3 步以上助跑起跳成腾空步越过低的障碍物。

限区域三级跳远是这一阶段难度较大的项目，它是让少儿初步认识三级跳远项目的设计。在限定的场地内初步了解助跑、单足跳、跨步跳与跳跃技术及顺序，并建立三跳均衡的概念。此项目主要发展跳跃的技巧。

6. 限区域三级跳的单足跳

练习者先用右脚单脚连续跳 3 次，换左脚连续跳 3 次，双脚落地，比远。

7. 限区域三级跳的跳方圆

如图 3-45 所示，练习者在适当速度下按要求跳跃。要求用相应的脚起跳并落到规定的区域内。根据练习者的情况，方和圆的数量在 4~7 个之间，方和圆的距离为 0.3~0.6 米远。左脚落圆，右脚落方。

撑竿跳远是这一阶段发展跳跃能力的重点项目，它是用一根长竿做支撑进行起跳来完成水平跳跃的过程，要求握竿的能力和从起跳撑竿到达到一定高度轨迹时保持身体平衡的能力。据此，可设计出以下项目：

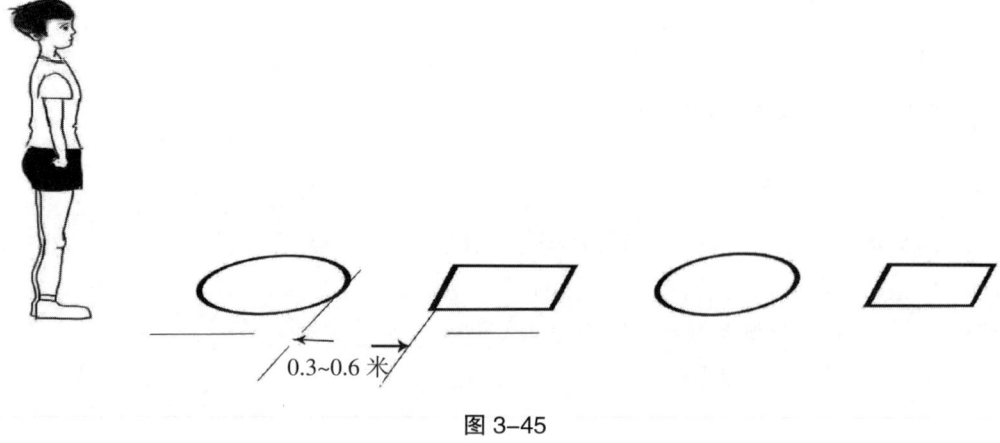

图 3-45

8. 撑竿跳五角

5个人分别站在五角星的5个顶点上，如图3-46所示，A点的人用撑竿支撑于A点所对应的小等腰三角形的底边上，用力跳起并落到顶点对面的圆弧区域a以内，或区域a以外（根据难度大小来要求），其余4个在顶点的人也像在A点的人一样依次跳跃。这个项目还可用圆的直径来控制难易。圆周的直径可根据参加者的运动能力扩大或缩小。一人跳跃时，其他人站到圆周外1米左右处，保证安全。

图 3-46

此练习需要2~5根不短于1.8米的撑竿，并在地面上画出图形。练习者用力跳起并落到顶点对面的圆弧区域a以内得1分，落到圆弧区域a以外得2分，按逆时针方向依次跳跃。若组织比赛，则一场比赛每人可有两次机会，取最好成绩计入各队总成绩。要求单脚支撑起跳，双脚同时落地。

9. 撑竿跳上下

练习者用竿撑住地面，单脚跳起落到适当高度的海绵垫上，再从垫上撑起，向前带竿跳下，如图 3-47 所示。

图 3-47

（四）5~6 年级组少儿趣味田径跳类项目的设计与选择方法

5~6 年级（10~12 岁）是少儿的运动能力、平衡能力和方向感发展的阶段。发展跑和跳的结合能力及跳跃过程中的平衡能力成为这一阶段的主要内容。这一阶段跳的项目主要有短距离助跑跳远、短距离助跑三级跳、沙坑撑竿跳远。这些项目都能很好地发展少儿的速度素质及平衡能力。

1. 换腿跳

如图 3-48 所示，选择 0.2~0.5 米的高台，一脚放于台上，一脚踏于地面。开始练习时，两脚同时用力向下蹬，使身体向上腾起，在空中交换两腿，缓冲落地，依次进行。此练习可根据练习者的年龄、性别和身高选择不同的高度，规定不同的练习次数。

图 3-48

2. 夹球跳

如图 3-49 所示，把练习者分成人数相等的几组，成纵队面对面站立，相对者为一组。练习开始，每组的第一位练习者两腿间夹球，向对面本组的同伴跳去，途中失球，自己捡起，并从失球处继续跳向对面的同组人，跳到对面限制线后，把球交给对面的第一人，他夹球后再向对面跳，依次进行，直到全组都做过，比较哪组先完成。

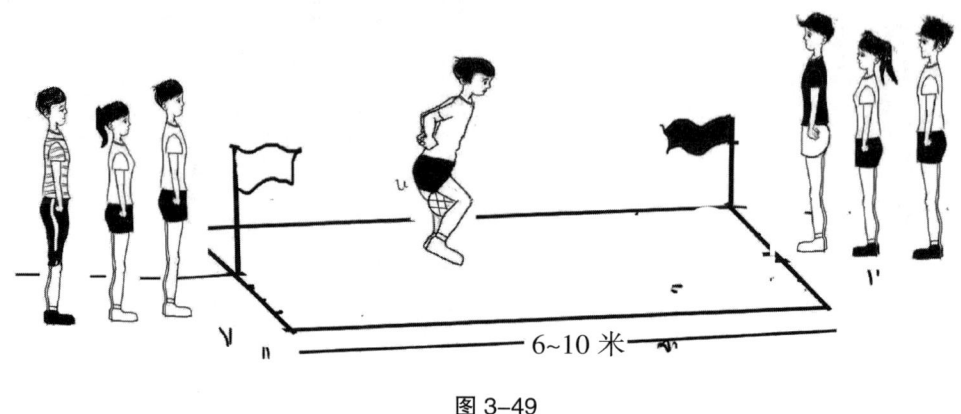

图 3-49

3. 慢跑→单足跳

向前慢跑 5 米左右后单足跳 5 次，再慢跑 5 米左右，换腿再做 5 次单足跳。

4. 火车赛跑

如图 3-50 所示，把练习者分成人数相等的几组，都抬起同一侧的腿，并由其前面的人抬着，除第一名练习者外都成一路纵队站在起点线后。练习开始，每组练习者都要协调配合，动作一致地向终点跳，直至最后一位练习者通过终点线。起终点线距离可根据练习者的身体情况和数量定为 10~20 米。

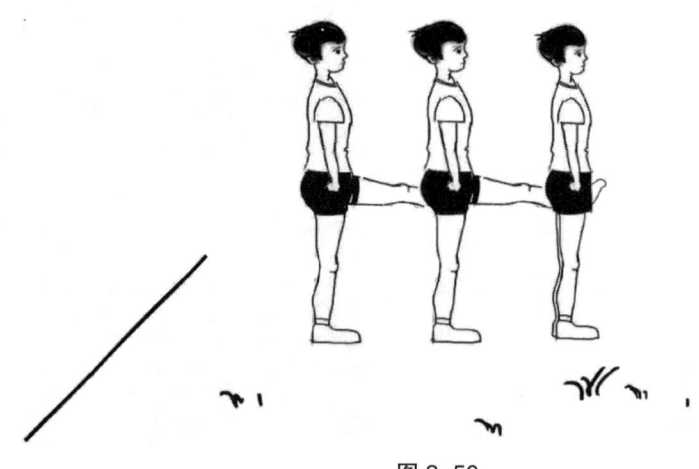

图 3-50

5. 跳深练习→快速跑

如图 3-51 所示,在 0.3~0.5 米的高台连续做 10~15 次两腿交换跳,然后快速向前跑进 20~30 米。

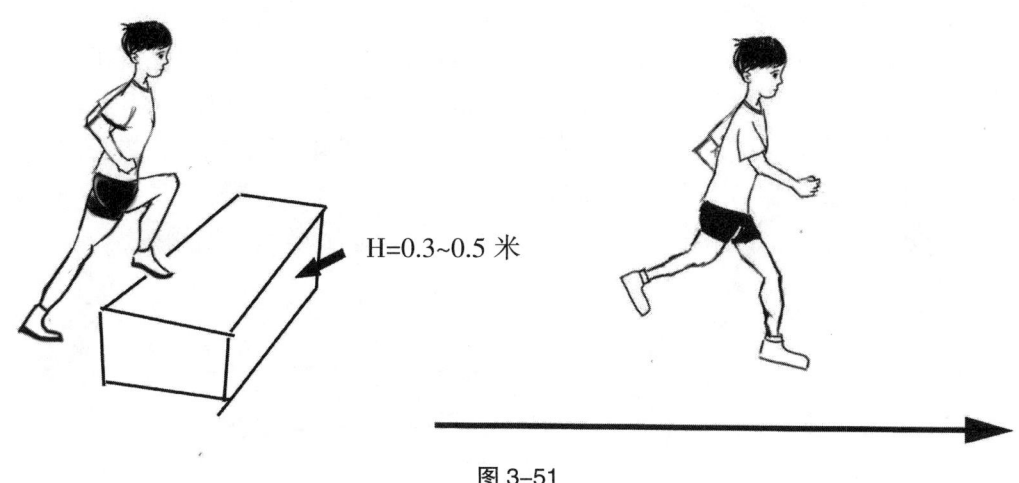

图 3-51

6. 撑竿跳的持竿助跑

如图 3-52 所示,练习者双手持撑竿在体侧,竿与地面平行地指向前进方向,两肩放松,大步助跑 10~15 米。跑的过程中要求竿与地面平行并且竿头总是指向跑进方向。

图 3-52

7. 撑竿跳过低障碍

如图 3-53 所示，练习者用撑竿撑起，尽力跳过沙坑或一定距离。

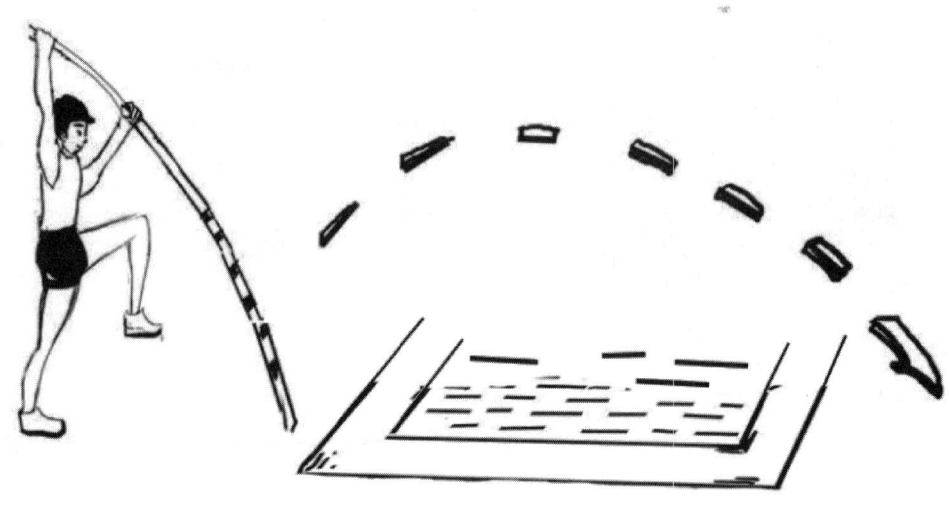

图 3-53

8. 短助跑跳远 / 三级跳远

如图 3-54 所示，练习者进行约 10 米距离助跑，保持匀速跑在限定的起跳区内起跳，起跳区 0.5~1 米。短助跑跳远时，要在起跳区内完成起跳。三级跳时，每次脚都要落在圆形或菱形内，以保证每次跳跃的距离基本相等。每个菱形和圆形的间隔距离都相等，距离根据练习者的能力定为 1~2.5 米。

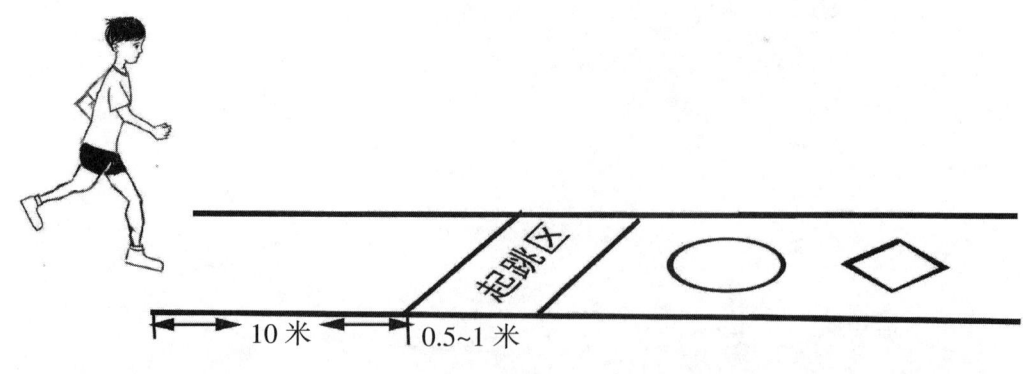

图 3-54

四、不同年龄段少儿趣味田径投掷类的项目设计与选择方法

投掷类技术是田径运动技术中最为复杂的一类。虽然这类技术的学习对少儿来说是烦琐枯燥的，但少儿趣味田径运动项目中的投掷物体的形状、颜色及材质的变化却吸引了少儿参与投掷类运动。同时，投掷目标的设置和可见的投掷远度也增加了少儿参与活动的积极性。少儿趣味田径投掷类技术主要能发展少儿的上肢力量及全身协调能力，为进一步学习田径投掷类技术做准备。

（一）少儿趣味田径投掷类项目的设计与选择方法

安全是投掷类活动首先要考虑的问题。这里的安全不仅指场地的平整、不滑，更主要的是指组织少儿有序地投掷及在送回器材的过程中安全意识的培养。投掷类技术较为复杂，所以少儿趣味田径运动投掷类活动以培养兴趣为出发点，突出各项投掷技术的关键点，培养少儿团结合作的竞赛意识。为了增加趣味性而不考虑安全性及田径基本技术正确的活动是应严格禁止的。

投掷类活动同样以集体性比赛为主要形式，但集体中每人有2~3次试投的机会，取其中最好的一次成绩计入集体成绩中。组织工作方面的安全、方法上的简便可行是投掷类活动提倡的原则。

（二）1~2年级组少儿趣味田径投掷类项目设计与选择方法

1~2年级（6~8岁）阶段少儿的空间定向能力相对弱于其他感知能力的发展，因此这一阶段设计的投掷类项目以简单的跪姿投和障碍投准为主。这些项目的难度较低，使用的器材非常安全，且其外观能吸引少儿参与。这一阶段设计项目的基本思路是用有趣的器材或运动方式吸引少儿参与投掷运动，如障碍投准，使用的投掷器材小而轻，投掷动作正确、速度快时还能发出哨音，使少儿逐步体会并掌握平衡、控制投掷方向和强度。根据这样的思路，可设计如下项目。

1. 小器械掷准

如图3-55所示，在某处悬挂3个直径1米以上的相连圆环（或者画在墙壁上），练习者在距圆环15米外，用垒球或沙包向圆环投掷。此项目可用于教学或训练。这个练习可通过调整圆环的高度、距圆环的距离及投掷物的重量或投掷物穿过圆环来增大或减小练习的难度。

图 3-55

2. 坐姿双手前抛、坐姿双手体侧抛球

坐在一个水平的稳定位置，双手握空心球上举用力前抛或从体侧用力向远处不同距离的标志线投掷。

3. 跪姿单手投掷

坐在一个水平的稳定位置，单手握壶铃或空心球，用力向远处的不同距离的标志线投掷。

4. 单腿跪姿双手（单手）体前（体侧）投掷

如图 3-56、图 3-57 所示，单腿跪在一个水平的稳定位置，双手（单手）握器械于头上（体侧），用力向远处的不同距离的标志线投掷。投掷的器械可以是较轻的空心球（壶铃）等重量小于 1 公斤的软物体。

图 3-56

图 3-57

5. 原地掷准

如图 3-58 所示，手持轻标枪（或小球），向后引臂高于肩，用力向前面的圆圈投掷。从投掷线到最近圆圈的距离根据练习者的能力定为 3~5 米。每个圆圈间距均为 0.5 米。

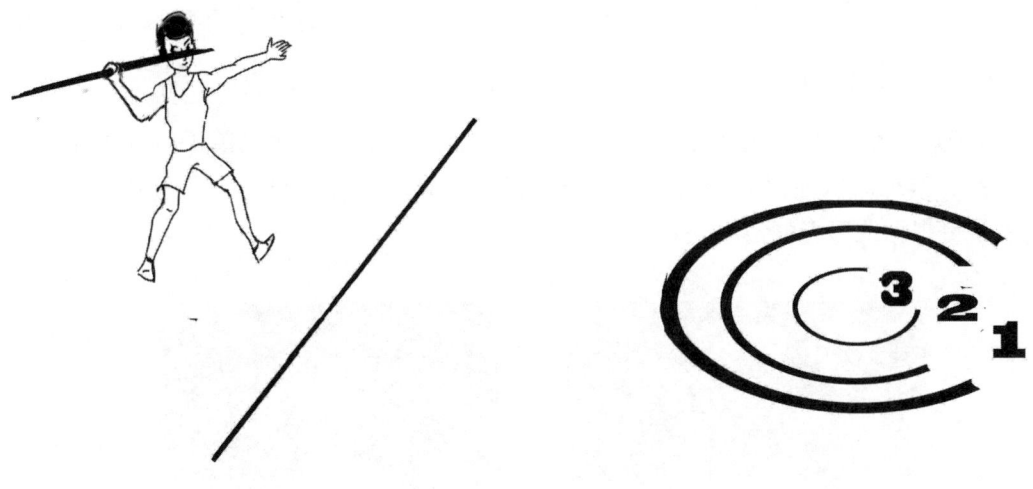

图 3-58

6. 双手向上抛空心球

如图 3-59 所示，两臂稍弯曲，两手托球中下方于体前，两脚左右开立比肩稍宽，两膝稍屈，两脚用力蹬地，两腿用力蹬伸，躯干伸直，手臂顺势向上垂直抛球，同时抬头，目视球并用手接球。球的重量小于 1 公斤。

这种抛球方法也可以集体游戏形式进行，即抛球喊号。具体方法是：练习者报数并记住自己报的号数，这个数字是参加游戏者的临时名字。面对圆心站成一个圆形，每两人间隔2米。任意指定一人拿球到圆心以上述方式向上抛球，同时任意喊一个号数后跑回到练习者中，被叫到号的练习者要快速跑去接落下的球，接到球则再次抛球喊任一号数。喊号时，其他练习者要注意，是自己的号时就跑上前去接球，反之就向四周跑开。这时若看到接球人接到球，就快速返回圆心附近；若他没接到球，则在相应位置观察情况并准备下一次判断。这时被叫到号且没有一次性接到球的人要在拿到球后喊停，接着做2个蹲起以示提醒，并瞄准距离自己最近的

图 3-59

练习者把球滚向他，球碰到任何一个练习者，则被球碰到者到圆心抛球喊号进行下一轮游戏；若球没碰到任何人，则抛球者继续抛球喊号进行游戏。

7. 双手前抛空心球

两臂弯曲，两手托球于头上，两脚左右开立比肩稍宽，两膝稍屈，两脚用力蹬地，两腿用力蹬伸，躯干伸直，手臂顺势向前上方抛球，比较谁抛得远。

8. 单手推抛球

如图3-60、图3-61所示，练习者原地正面、肩上或侧面以单手将球推抛给对方，对方接球后以同样的方式进行练习，做10~20次。此项目适宜所有年龄段，球的重量可根据练习者的情况决定。

图 3-60

图 3-61

9. 持球转动

双手持空心球平举与地面呈水平，在体前左右转动 10~20 次。

（三）3~4 年级组少儿趣味田径投掷类项目设计与选择方法

3~4 年级（8~10 岁）处于技能发展的敏感期，同时他们的运动能力、时空变换能力、方向感及平衡感等也进入发展的敏感期。这一阶段设计的主要项目是以旋转投掷和后抛实心球来促进以上能力的发展。

旋转投掷是手持壶铃形状的空心球以旋转动作投掷不同的目标，后抛实心球是双脚左右开立，背对投掷方向尽力向后投掷。这两种练习对少儿的时空变换能力、方向感及平衡能力等要求较高。后抛实心球要求投掷过程中手臂和双腿之间的协调配合，以及在投掷过程中维持平衡，以此为出发点可设计出以下项目。

1. 弓步后抛实心球

如图 3-62 所示，练习者成弓步向上顺势向后投掷实心球，以促进练习者体会维持平衡和锻炼协调用力。这个练习用较轻的实心球，练习时要全身协调用力。其他练习者站到面对投掷者 1 米外的区域，注意安全。

图 3-62

2. 后抛实心球

如图 3-63 所示，两脚用力蹬地，两腿用力蹬伸，手臂顺势向上向后抛球，头抬起。球的重量小于 1 公斤。

图 3-63

3. 打移动靶

如图 3-64 所示,练习者手持壶铃球或大沙包瞄准击打悬挂在足球门梁上来回摆动的球。根据练习者的能力确定与足球门的距离,可以是 6~10 米。

图 3-64

4. 推、抛球过障碍

如图 3-65 所示,把练习者分成人数相等的两组,各组成一路纵队站立,在纵队前 5~6 米处,放置一个高约 2 米的障碍物。练习开始,每组第一位练习者双手向前推、抛实心球,尽力使球从障碍物上面越过,推、抛完后,回到本队排尾,第二位练习者继续做，直到每一位练习者都练习两次结束，比较越过障碍的球数。此练习可采用后抛、侧抛和坐抛等不同姿势来完成。

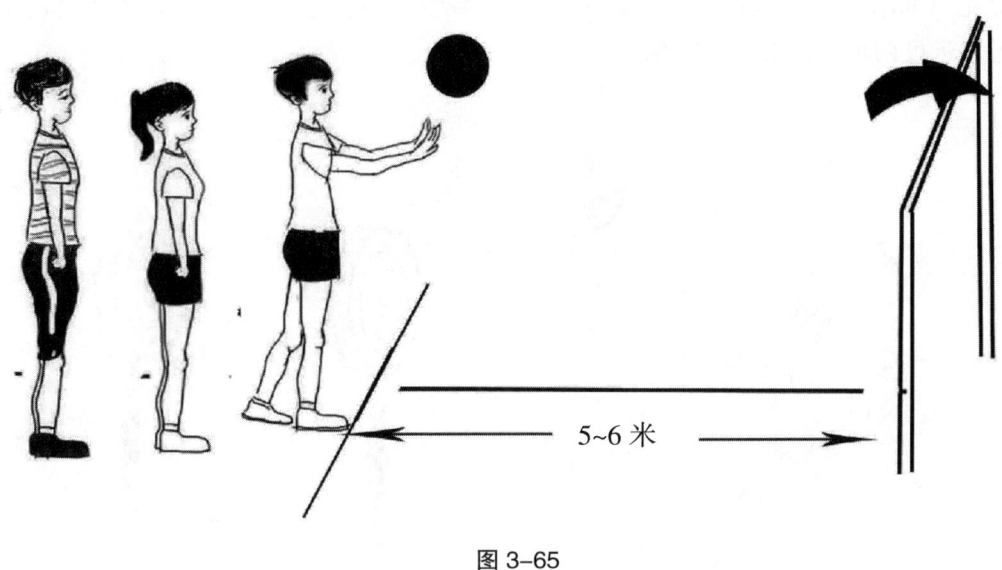

图 3-65

5. 行进间头上抛球

如图 3-66 所示，练习者走 3~5 步，单手持球后引，尽力抛出。抛掷时，以右手为投掷臂的练习者左脚在前。

图 3-66

6. 有靶投掷

练习者用沙包或实心球向靶投掷，距离由近及远。靶可分为两种形式：第一种为直立靶（如图 3-67）或画在墙上的靶；第二种为画在地上的水平靶。可以投掷的准确性和远度两种方式来进行比赛。

图 3-67

7. 转身投

练习者背对投掷方向，双手在体侧握住实心球（壶铃球等），双脚蹬地，全身发力，向左转身投球（如图 3-68、图 3-69 所示，右手为投掷手）。球出手时，双臂上举并转向投的方向。（器材最大重量为 1 公斤）

图 3-68　静止持球时　　图 3-69　球出手前瞬间

8. 旋转行走

如图 3-70 所示，练习者侧对前进方向，依次以左脚前脚掌和右脚前脚掌为轴旋转着走一条直线为完成一次转动。两臂侧平举，头正直，目视前方，转动 4 次后换成依次以右脚前脚掌和左脚前脚掌为轴旋转走，并返回。做动作时上体要直立，两脚都要踩在线上。

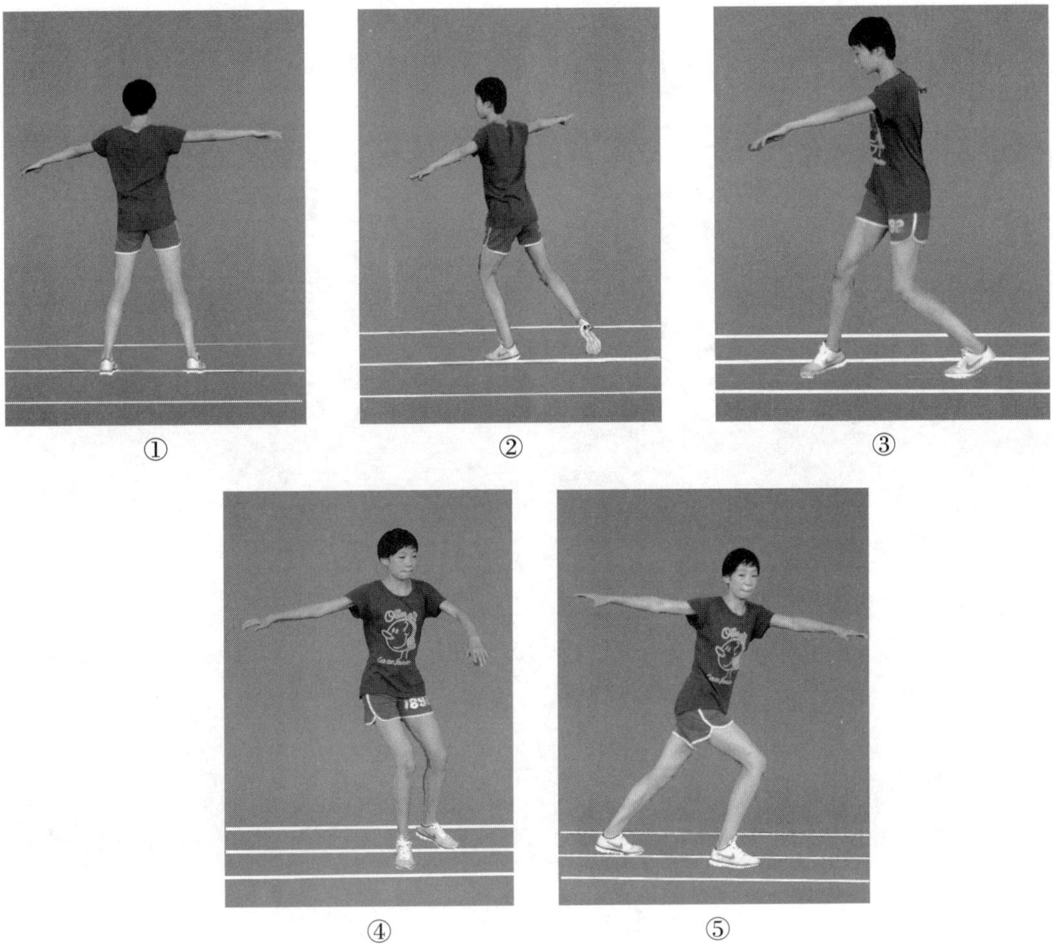

图 3-70

（四）5~6 年级组少儿趣味田径投掷类项目的设计与选择方法

5~6 年级（10~12 岁）是少儿平衡能力、方向感和力量素质发展的敏感阶段，尤其是方向感进入非常有利的发展阶段。因此，这一阶段投掷类项目以发展少儿的方向感为主要目标。掷少年标枪、掷少年铁饼是这一阶段的主要项目。这两个项目的技术已很接近成人的掷标枪和掷铁饼技术，差别在于所用的器材不同。

为了加强少儿对方向的感知和对平衡的控制，这里设计出较为简单的练习项目，即标枪掷准和铁饼掷准。

1. 标枪掷准

练习者站在距最近落地区 8 米远的标志线后，以图 3-71 所示动作掷出标枪，标枪落在不同区域所得分数不同。最近区到最远区的有效区域的分数依次为 2、4、6 分。枪尖落在每个区域的圆形区域为有效区域。每个区域的间距为 1 米。每队每人试掷两次，取最好成绩计入总分。要求掷者全身协调用力。其他参赛者站到投掷者 1 米外的后方，确保安全。这个项目可发展少儿的方向感及对枪的控制，所以要提醒少儿注意试掷的准确性。

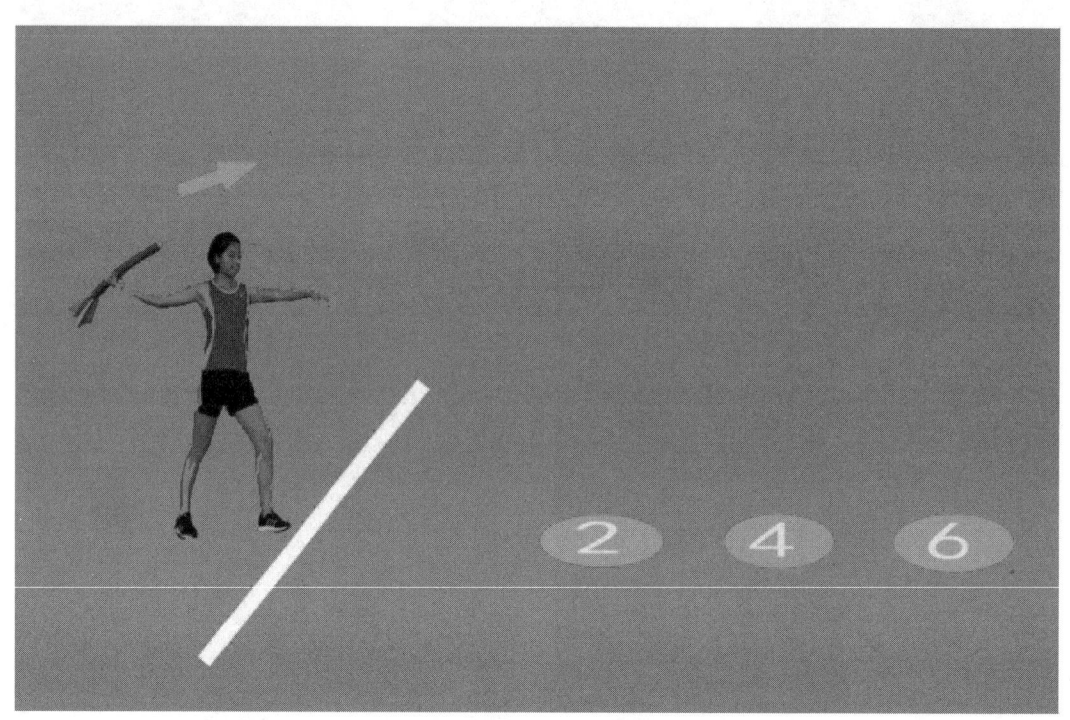

图 3-71

2. 铁饼掷准

此练习为发展少儿的方向感及对铁饼的控制，其练习方法及要求等同上，如图 3-72 所示。

练习以上两个项目的目的是控制掷出的标枪和铁饼的方向和角度，体会对方向的感知和对平衡的控制。

图 3-72

3. 头上掷枪

练习者双手持少年标枪举过头顶并将标枪掷出，或一手持枪另一手指向目标方向进行投掷。面对投掷方向以站立姿势完成投掷，如图 3-73 所示。

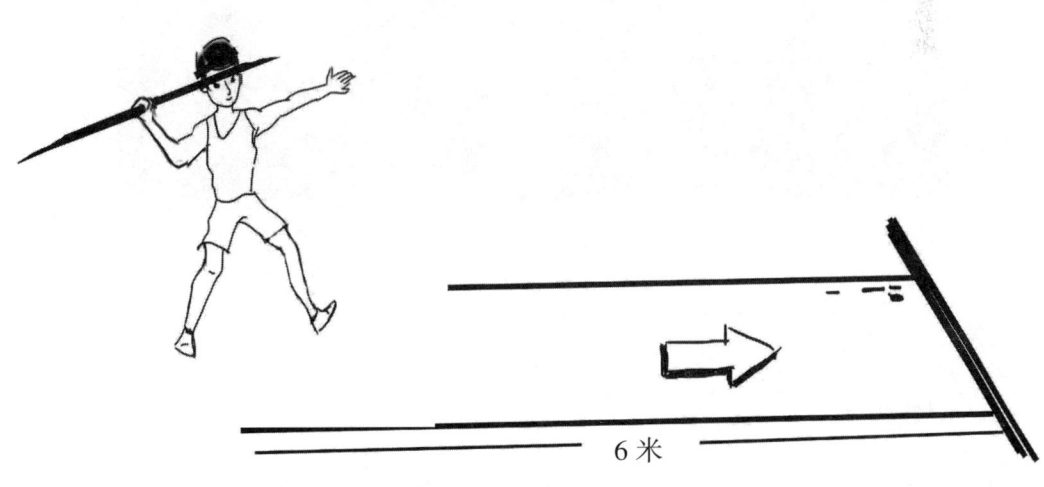

图 3-73

4. 单手精确投掷

练习者从距投掷线 6 米左右处开始，单手持枪助跑投掷（图 3-74）。控制助跑速度，完成交叉步进行精确投掷。

图 3-74

5. 滚饼练习

如图 3-75 所示，练习者在走动或慢跑中，投掷臂放松自然前后摆动，顺势向前滚出铁饼，使之沿直线向前方滚动。掷出后，面对出手方向保持掷出姿势。比较滚出的距离。

图 3-75

6. 交叉步投枪

如图 3-76 所示,练习者持枪在地面画好的格子上做两个交叉步后,向体后引枪尽力投掷。

图 3-76

(五)初中阶段少儿趣味田径项目的设计与选择

初中阶段,即 13~15 岁,男少年已开始进入青春发育期,身体绝大多数组织、器官进入第二次生长高潮,此阶段是发展一般力量和一般耐力的重要时期。而此阶段的女少年身体各组织、器官和系统均趋于成熟,是其开始专项训练的重要时期,除进行一般身体素质活动外,要开始进行专项身体素质的训练。针对初中阶段少儿的各种特点,少儿趣味田径项目的设计侧重于发展综合能力和精准能力。具体项目和小学阶段跑跳投的重点项目基本相同,但难度有所增加。

如跑的项目可以选择 8 分钟耐力跑、变换路线跑、8 字回旋跑,但跑的距离要加长,一般不少于 1000 米。在跑的过程中,要求练习者保持匀速,且要求跑一圈或一个循环所用时间大致相同。教师在组织练习时要时刻提醒练习者保持适当速度,不要过快或过慢。

跳的项目可以选择立定跳追逐、撑竿跳远的持竿助跑、沙坑撑竿跳远、短距离助跑跳远和短距离助跑三级跳远,以发展练习者的下肢力量和相对准确的起跳能力。

投掷项目要选择标枪掷准、掷少年标枪、掷少年铁饼、旋转投、旋转行走、前抛实心球和后抛实心球。这些项目的器材可以继续使用少年标枪和铁饼,也可使用竹枪或者较轻的铝枪。这时用的实心球重量为 1.5 公斤左右,以适应少儿发展力量的要求。

初中阶段,教师可以根据练习者的实际情况从小学阶段的所有项目中进行选择,以发展练习者的运动能力。但随着年龄的增长,可从提高能力的角度多进行跑跳投的综合练习,适当增加综合练习的难度,提高挑战性是很好的选择,一方面能提高少儿参与的积极性,另一方面也能全面发展运动能力。

五、少儿趣味田径运动组合练习的设计与选择方法

组合类项目是把少儿趣味田径运动项目中的各种跑类项目、跳类项目及投掷类项目进行有机组合,这样,既有利于全面发展少儿的身体运动能力,又能提高少儿参与活动的兴趣。一般来说,有跑和越过各种障碍的组合、各种跳和投的组合以及跑和跳的组合等。组合类项目也可理解为田径运动中全能运动的"软式化"。

(一)少儿趣味田径运动组合类项目练习的设计与选择

练习组合类项目的主要目的,是在增加趣味性的基础上全面发展少儿的运动能力。练习组合类项目要避免运动中身体局部过度疲劳,要充分考虑少儿身体发育的特点及素质发育敏感期等因素,要综合考虑上下肢协调发展,跑、跳和投有机搭配,同时还要考虑到操作时简便易行,强度适中,安全合理。

组合类项目同样以集体性比赛为主要形式。因为是几个项目的组合,组织的难度会增加,因而需要更多的人员进行组织与管理。组合中,一般跑类项目应每队每人有一次机会,跳类和投类至少应有两次机会,以鼓励少儿努力争优。

(二) 组合练习的设计与选择方法

组合项目是为了全面发展各项能力及素质。设计项目主要围绕跨栏跑、跃障碍跑和投掷轻物来进行,主要有国际田联少儿趣味田径项目中的短跑/跨栏跑对面接力、短跑/跃障碍/绕杆对面接力、一级方程式、短跑/跨栏接力跑。设计的项目分述如下。

1. 短跑/跨栏跑对面接力

如图 3-77 所示,每队需用两条跑道,其中一条跑道上放置栏架。每队的第一棒是先跨栏跑,绕过对面的小旗后短跑折返,与本队队员面对面接力。当各队的练习者都分别完成了跨栏跑与短跑后,项目结束。活动中要求练习者左手传棒接力。

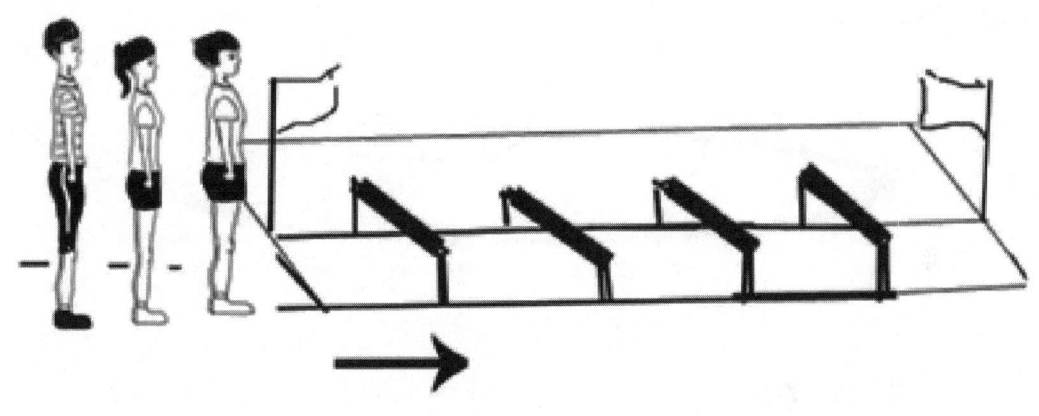

图 3-77

2. 短跑绕杆和越障碍跑

如图 3-78 所示,将练习者分成人数相等的两组,每组需用两条跑道,其中一条跑道有障碍物。每个练习者先由有障碍的跑道跑向无障碍跑道,绕过第1旗杆后跨过第1障碍,再绕过第2旗杆、跨过第2障碍,最后绕过第3旗杆由无障碍跑道跑回,并用左手交接软环(或棒)给第二人,依次循环接力。

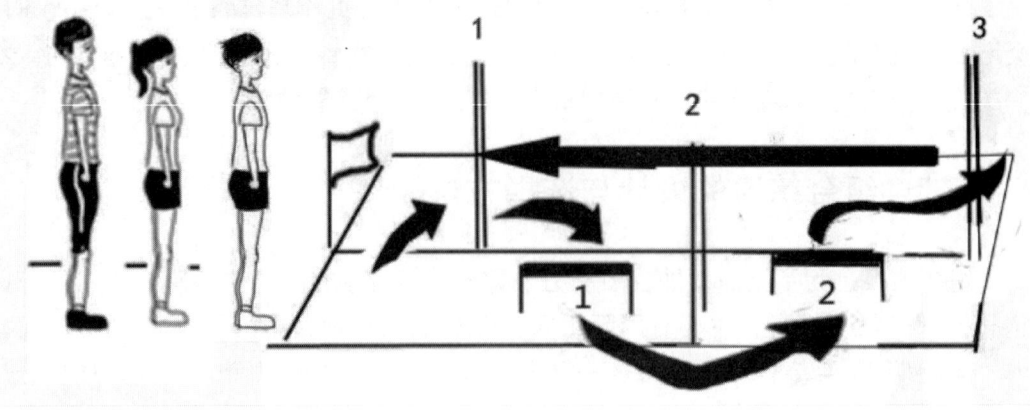

图 3-78

3. 低障碍跑

如图 3-79 所示，练习者在摆放不同形状的低障碍物的路线上跑进，可变换每次跑进的路线，障碍物的数量也可以变化，但要求每两个障碍物之间的距离控制在 4~8 米之间，跑进时要求保持动作连续。

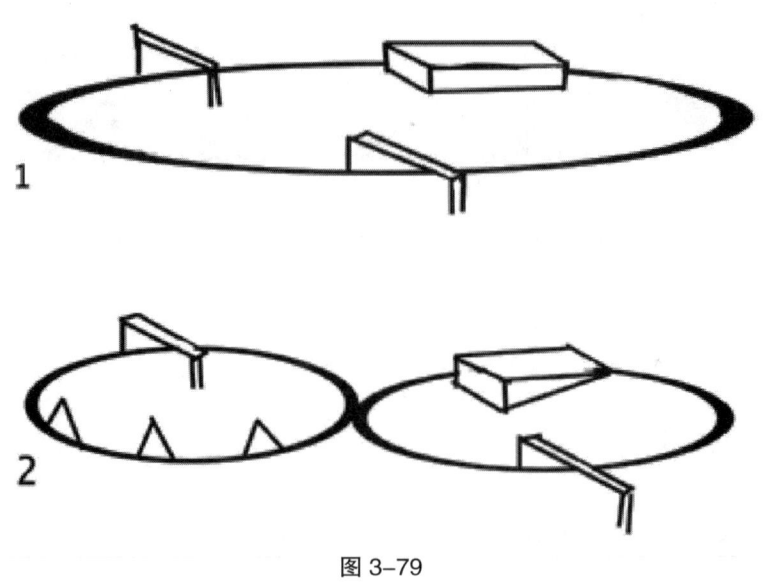

图 3-79

4. 口令跑

如图 3-80 所示，练习者出发后，按口令的数字跑规定的曲线，如口令是 1 时，练习者绕 1 号标志物跑曲线。跑动的距离根据练习者的年龄和运动能力来决定，30~60 米均可。

图 3-80

5. 快速跑接跳三角接力

如图 3-81 所示，将练习者平均分为 A、B 两组，每组各出一个人 a 和 b，a 站到 B 组的排头，b 站到 A 组的排头。两组内其他成员依次作为挑战者与面前 a 或 b 通过用脚猜拳的方式决定自己的去留。若 B（A）组挑战者赢了 a（b），则快速跑到三角形处，按要求跳三角后，跑回本组接力后，本组的下一人再和 a（b）进行猜拳；若负与 a（b），则快速跑到本组队尾，准备进行下一次猜拳，再由下一人挑战，如此依次进行，直到两组所有人都和 a 或 b 猜拳获胜并跑回本组后活动结束。跳三角时要求双脚跳，顺序是 0—1—0—2—0—3—0，然后沿直线跑回接力。活动以全部练习者都完成且最先完成的队为胜。

注：用脚猜拳，即用双脚做"石头、剪刀和布"的游戏来决定胜负。

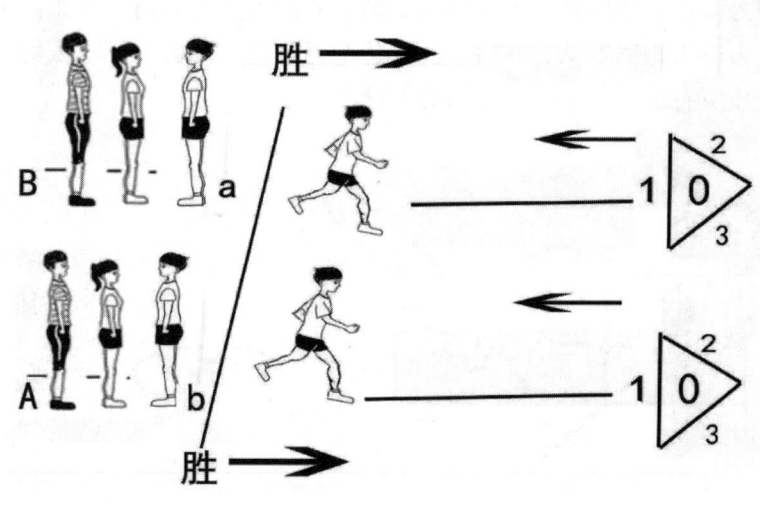

图 3-81

6. 耐久跑和投掷目标

如图 3-82 所示，把练习者分成若干组，每组练习的第一人先跑，跑者必须完成指定距离（100~200 米跑若干圈），每一圈都必须经过投掷区，只有击中目标才能允许跑回本组站到排尾，本组下一人继续跑进。如果 3 次都不能击中目标，则要加跑一圈，只有当所有练习者都完成且先跑回起点的组为胜。

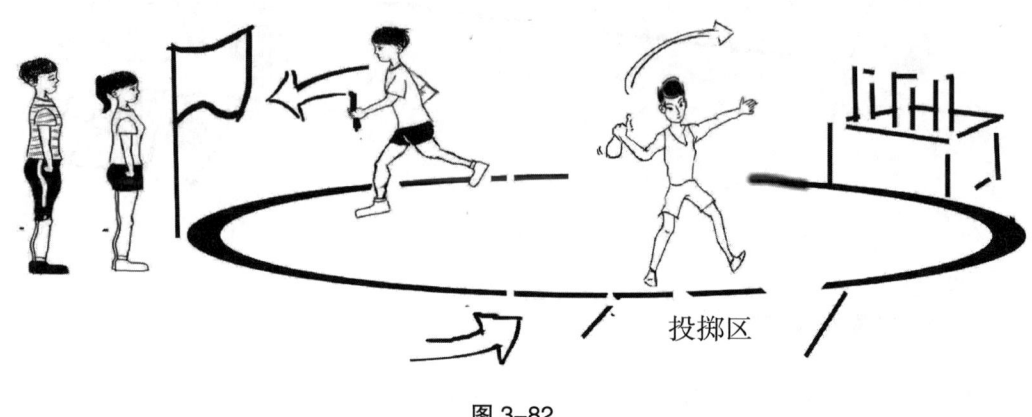

图 3-82

7. 跑得快、跳得好、投得准

如图 3-83 所示，将练习者分成人数相等的几队，各队成一路纵队站在起跑线后，各队间隔 2~3 米。在与起跑线间隔 6 米处画一个直径 2 米的圆圈，共画 3 个，每个圈间隔 6 米。第一个圈内放一根跳绳，第二个圈内放一个实心球，第三个圈内放一大纸箱。发令后，各队排头手持接力棒向前方跑去，把接力棒放在第一个圈外，拿起跳绳跳 5 次，完成后将跳绳放在原处，再向前跑拿起实心球，站在圈内将实心球双手向前抛向大纸箱，然后跑过去捡回实心球，放回第二个圈内，再跑回第一个圈，从圈外捡起接力棒再跑回本队，并将接力棒传给下一位练习者。下一人继续做，直至本队所有人完成所有练习为结束，先做完的队为胜。

图 3-83

向大纸箱抛实心球时，只有球正好落入大纸箱或球的第一落点超过大纸箱才可捡回放到第二个圈内，否则要捡回球再次向大纸箱抛。

8. 攻克堡垒——投掷比准

准备沙包、实心球、少年铁饼、软式标枪、少年标枪等可用于投掷的器材各 5 个，放于如图 3-84 的"堡垒"10~15 米远处的圆圈外。活动开始，练习者分别站在圆周的不同位置，拿起圆圈外不同的投掷物向"堡垒"做投掷进攻。当投掷完所有投掷物后，清点并记录落于"堡垒"中间和四周①—⑦7 个孔内器材的种类及数量，并放回圆圈外，第一组活动结束。第二组同第一组一样继续进行，直到所有组完成攻克任务。每组人数均等，为 3~10 人，计算各组成绩并排出名次。投掷时，必须按所持投掷物应用的投掷动作进行，各种投掷物的分值：沙包 1 分，软式标枪 2 分，少年标枪 3 分，少年铁饼 4 分，实心球 5 分。

投掷项目较枯燥，此项目意在以情景游戏的方式吸引少儿参与投掷运动。

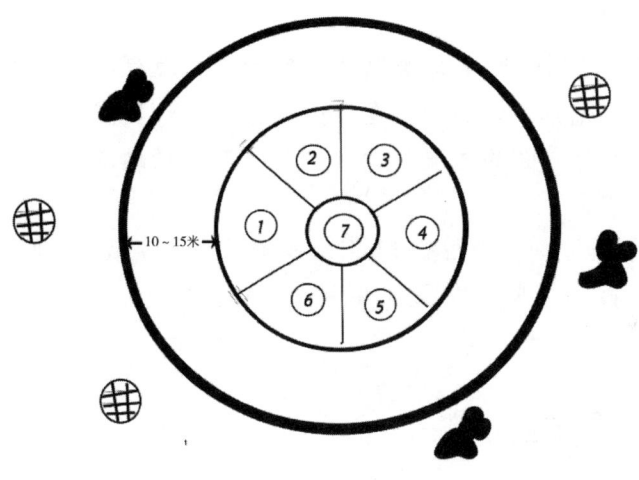

图 3-84

（本章执笔者　杨　丹）

第四章 少儿趣味田径运动的教与练

少儿趣味田径运动以它的简易和富有趣味性等特点受到很多教师和少儿的喜爱。教师积极把它添加到自己的教学中去，少儿也乐于学习与练习。但是，从前期的教学实践和推广中可以发现，很多教师在实践运用中表现出对少儿趣味田径运动有些误解，主要体现在组织教学和组织少儿练习这两方面有些竞技训练的倾向，因此，本章就少儿趣味田径运动的教与练进行指导。

第一节 少儿趣味田径运动教学原则

少儿趣味田径运动教学原则是遵循我国教育部《体育与健康教学大纲》和少儿身心发展的特点，充分考虑到少儿在身体形态、生理机能、身体素质和健康状况、教育、自我成就等方面的情况，确保少儿趣味田径运动教学的顺利开展而制定的。

少儿趣味田径教学原则有全面发展原则，兴趣先导、实践强化原则，合理组织与有效控制相统一原则，从实际出发原则和多样性原则。

一、全面发展原则

（一）基本含义

全面发展原则是指在少儿趣味田径教学过程中，教师要面向全体少儿实施全面发展教育，把传授知识与培养品德、传授知识与发展能力、心理发展与身体发展等有机地结合起来，努力实现教学目标。

（二）基本依据

第一，依据少儿的教育目标要求，体育教学活动的开展要围绕少儿的兴趣。在中小学课程标准中，明确地规定了体育教学的目标是运动参与、运动技能、身体健康、心理健康、社会适应5个方面。这5个领域的目标与少儿趣味田径运动目标相同，都是促使少儿身心全面发展。

第二，人体是一个完整的有机体，不仅具有生物性，而且还有社会性。人体各器官系统的机能是相互协调、相互影响的，只有各器官系统全面协调发展，才能促进少儿的身心健康。

（三）贯彻原则的要求

第一，少儿在学习体育时要注意学习的全面性，避免仅从兴趣出发，不可喜欢什么就只学（练）什么，形成单一性发展。

第二，教师在安排教学任务、内容和选择方法时要注意多样化，以促进少儿在愉快的体育学习中得到全面发展。

第三，教学评价应注意多元性。在进行教学评价时，教师应从身心发展的多维角度去评价教与学的质量。

二、兴趣先导、实践强化原则

（一）基本含义

兴趣先导、实践强化原则是指在少儿趣味田径教学过程中，首先要着力培养少儿的体育兴趣，然后在体育实践中有意进行强化、引导，使这种动力保持长久，以促使体育教学得以顺利进行并圆满完成教学任务。

（二）基本依据

现代学习理论认为，影响少儿学习的因素不仅指智力因素，还包括非智力因素，而且非智力因素如动机、需要、兴趣、情感、态度等在学习中的作用甚至超过智力因素，其根本意义在于它的动力作用。少儿趣味田径可使少儿在情趣盎然的玩耍中身心得到锻炼，情操得到陶冶，智力得到发展。只有激发和保持少儿的运动兴趣，才能使他们自觉积极地进行体育锻炼，所以在少儿趣味田径学习中应把体育兴趣的培养放在首位。

（三）贯彻原则的要求

第一，教师应善于激发少儿的兴趣，引导其兴趣向正确的方向发展，在教学练习中善于捕捉时机，因势利导，对练习者兴趣进行积极强化，让练习者能体验到成功的喜悦和参与的乐趣。

第二，少儿应根据自己的兴趣，积极配合教师进行教学，同时也要注意避免单纯从兴趣出发而忽视全面发展。

三、合理组织与有效控制相统一原则

（一）基本含义

合理组织与有效控制相统一原则是指在组织与实施教学的过程中，以科学性为指导，制定出安全措施，避免和防止意外事故的发生，从而达到实现教学效果最优化的目标。

（二）基本依据

在少儿趣味田径教学练习中，在游戏动作的设计、游戏规则的制定、练习负荷量的安排、组织方法、场地布置、安全措施上都能充分体现少儿身心健康发展这一理念。

（三）贯彻原则的要求

在少儿趣味田径教学和练习中，少儿往往都是处于较高的兴奋状态，常会出现较为混乱的局面。因此，在教学中一定要合理组织，设计好活动的场地、器材、练习时间、运动强度等可控因素，尽可能地排除安全隐患。还应充分考虑少儿的年龄、身体发展等情况并提供尽可能大的活动范围。另外，在教法提示中应明确开展某项活动时容易出现伤害事故的环节，并提出相应的安全要求，从而有效控制活动的进行。

四、从实际出发原则

（一）基本含义

从实际出发原则是指教学和练习的任务、内容、组织教法、运动负荷等的安排，都要符合少儿的年龄、性别、身体发展的水平，以及学校的场地设备、器械和地区、季节、气候等实际情况，使少儿能够接受，且便于教学工作的组织进行。

（二）基本依据

第一，少儿趣味田径教学目的是全面发展少儿的身体素质，促进少儿学习和掌握多种练习方法，培养对田径运动的兴趣和爱好。为此，体育课教学必须从个人和外界环境条件的实际出发，注重年龄、身体素质和实际能力、场地设施和器材等具体情况。

第二，现有的少儿趣味田径项目有很强的实用性，活动项目几乎能够在任何地方组织进行，而且只需要最基本的设施和最少的设备。但是，在实际教学中仍有部分学校有缺少器材的情况。因此，在设计和选项时，要因地制宜，充分利用废弃的塑料、泡沫、布料、纤维、纸箱和木棒等制成器材使用。

（三）贯彻原则的要求

在教学中对项目的设计和选择要考虑到参与者的年龄、场地设施和器材等具体情况，充分考虑少儿的年龄、身体素质和实际能力，合理安排项目的内容、方法和评分规则。

五、多样性原则

（一）基本含义

多样性原则是指在教学和练习过程中变换内容和环境，交替安排负荷，调整练习间歇的时间与方式，从而提高少儿练习的积极性和趣味性，并提高他们的适应能力。

（二）基本依据

第一，在教学中，一成不变的练习内容很快就会让少儿和教师厌烦。一个成功的教师或教练员会不断变化教学、练习的形式，以便让少儿保持足够的兴趣和动力。对于少儿来说，变化要比休息的效果更好。

第二，变化可以使教学内容和环境得到改变。练习时间和练习小组的改变，可使少儿得到系统的锻炼和协调的发展，从而使其具有更接近田径运动需要的多种运动能力。多样性是教师最能发挥创造力的部分。

（三）贯彻原则的要求

教师要注重练习形式的多样化，以避免练习的枯燥乏味。要从不同的角度培养少儿的运动能力来激发少儿的学习兴趣及动机。

第二节　少儿趣味田径教与练的步骤与方法

少儿趣味田径教学是一个有计划、有组织的教学过程。其步骤与方法是指教、学、练的有机结合及有序过程。

一、少儿趣味田径教学步骤

少儿趣味田径教学一般可分为三个教学阶段来完成，即初级阶段、中级阶段和高级阶段。

（一）初级阶段

1. 教学目标

学习和掌握身体动作技能目标，是使少儿初步掌握简单的动作技能，形成基本的动作雏形；掌握练习方法及规则；帮助少儿获得成就感和形成积极的学习态度。

2. 方法

通过教师用示范讲解等方法介绍所学技能，使少儿了解技能学习的整体过程、技术特征、技术要点及练习方法，并通过游戏的形式引导少儿较好地练习并掌握动作技能，全面提高身体素质。

3. 特点

这一阶段是少儿从学习到初步掌握动作技能的阶段，在动作技能上个别少儿往往表现出动作不够协调，节奏感和控制能力较差，易出现多余动作等特点；对新的项目和教学组织形式表现出非常积极的态度，表现欲望强烈。

4. 教法重点及注意事项

教法重点：建立基本的技术动作雏形，以利用简单的讲解、示范、提示、反馈教

学法为主进行教学。全面发展少儿身体素质，培养少儿的团队意识，激发学习动机。

注意事项：

（1）教师的讲解要简明、形象、生动，示范动作要正确、轻快、清晰，要通过语言提示强调动作的正确要领，使少儿形成基本的动作技能。

（2）选用的教学内容、手段要符合该年龄段，且是少儿乐于主动完成的动作。在教学中，不要过分强调技术的质量，不过高要求技术细节，以培养少儿兴趣为主，全面发展身体素质，享受运动乐趣。

（3）要重视预防和纠正少儿在练习中出现的错误动作。在纠正错误动作时，要选用合适的时机和方法；要考虑到少儿的学习动机，多肯定其正确动作表现，增强其学习的信心和积极性。

（4）这一阶段的教学时数不宜过多，对少儿技能掌握要求不宜过高，基本上能做出正确动作雏形即可。

（5）要保证练习次数，使少儿反复体会和练习，达到强化动作的目的。要及时给予教学反馈和多给予正向评价。

（二）中级阶段

1. 教学目标

使少儿基本掌握正确动作技能，进一步全面发展身体素质，提高运动技能，激发其学习动机，及时做好教学反馈。

2. 方法

逐步提高练习的强度和难度，教学内容和手段的选用要体现多样化，避免重复。通过游戏或竞赛的形式提高各项目运动技能，全面提高身体素质。纠正错误动作，要使少儿明确知道哪些动作是正确的，哪些是错误的，要给予正确的反馈，通过多次练习，达到掌握正确动作技能的目的。

3. 特点

这一阶段是少儿由基本掌握动作技能到正确掌握动作技能的阶段，在动作技能上表现为多余动作逐渐消失，技能趋于准确、协调，动作连贯但不巩固。在教学中，在全面发展身体素质的基础上要逐步建立起团队意识和竞争意识。在教师的指导帮助下，促使少儿的社会交往能力、沟通能力、组织管理能力，以及责任感等都相应得到发展。

4. 教法重点与注意事项

教法重点：这一阶段教学的内容和手段要体现多样化；进一步全面发展少儿身体

素质，改进和提高技能；激发少儿动机，及时做好教学反馈。

注意事项：

（1）教师应采用启发式、发现式及反馈教学法等，并应及时做好教学反馈及评价工作。

（2）在教学中，既要注意身体素质和动作目标，又要注重对少儿的教育目标。

（3）教学反馈与评价要考虑到课程目标，给予正确的反馈，要耐心细致，多肯定他们的长处，帮助他们树立信心。

（4）要注意逐渐加大练习的负荷量，使少儿逐步提高动作的节奏感和连贯性。

（三）高级阶段

1. 教学目标

进一步提高身体素质，改进和完善运动技能，贯彻教育目标。

2. 方法

（1）针对各年龄段项目设置改进和提高动作技能的综合项目。

（2）通过竞赛形式检查少儿身体动作目标掌握的情况，培养少儿的组织管理能力。

（3）在提高课堂教学有效性的同时，拓展少儿的创新能力。

3. 特点

这一阶段是少儿熟练掌握动作技能阶段，在动作技能方面，表现为由掌握到熟练；练习中，能够很轻松地完成动作，没有任何吃力的表现；能做到自信，对技能有较深刻的理解，也就是他们能够更有效地评价自己。

4. 教学重点与注意事项

教学重点：这一阶段的教法指导，应着重于强调动作技能、团队协作与运动成绩的关系；应根据不同团队少儿的具体情况，提出不同要求，指出努力方向。

注意事项：

（1）这一阶段，少儿注意力会容易集中到片面追求运动成绩方面，忽略动作技能。因此，教师要强调动作技能、团队协作与运动成绩之间的关系。

（2）这一阶段由于是多个项目竞赛，且强度大、速度快，一定要注意安全及管理措施，防止课中出现伤害事故。

（3）在教育目标不断提高的同时，教师可向少儿介绍田径运动青少年项目的设置及趋势等。

上述的三个阶段是紧密相连、不可分割地处于教学的整体系统之中。在教学实际中，教师应遵循教学过程的规律，结合少儿趣味田径项目的特点和他们的实际，合理安排教学进程，培养他们对田径运动的兴趣和爱好，增强体质，促进各项运动素质的提高。

二、少儿趣味田径的教学方法

教学是教师和少儿共同的活动，教学方法是教和学的桥梁，教学方法运用是否得当直接影响着教学效果。因此，在少儿趣味田径教学中要注意教法与学法的有机结合，以便达到较好的教学效果。

少儿趣味田径教学主要是以技能教学为主。技能分简单性技能和复杂性技能。在教学中，简单性技能教学形式是最主要、最普遍的方法，它是利用教师完美的示范和语言来表述技术动作，帮助少儿建立正确的动作技能和要领，培养其认知能力和兴趣。复杂性技能教学最主要、最普遍的方法是塑造法（完整法）和链接法（分解法）。塑造法是以完整的技术形式教学，其优点是有助于保证技术的完整性、连贯性和节奏，一般技术较简单的项目常采用这种方法。链接法是把基本掌握的技能部分链接起来进行练习的方法，其优点是使动作简化易于掌握，一般对于技术较复杂的项目，可采用这种方法，如投掷、跨栏项目，先把重要部分链接起来，不重要的以后再说。

但是，链接法与塑造法有很大的区别。在链接技能时，是按完整技能的要求练习每个部分。在塑造技能时，少儿刚开始练习动作，几乎是根本不能做出完美技能的。因此，无法说用哪种方法进行技能教学最好，教师只有通过实践才会发现哪种方法适合他们。一般来说，只要少儿有一定的协调能力，最好按简单技能的方法进行教学。不同的教学方法在运用时有不同的注意事项，具体如下。

（一）模仿教学法

1. 简单做"项目介绍"讲解"练习方法"及要求。
2. 教师的示范动作要正确、优美、大方。
3. 要求少儿注意力集中观察教师的示范动作。
4. 要给予及时的肯定和评价。

（二）讲解法（语言法）

1. 讲解的目的要明确，教师应根据课的任务、内容、要求和教学的重点等适时地、系统地、按照计划有顺序地进行讲解。
2. 进行讲解时，教师要做到语言流畅、生动形象、过程清晰并带有启发性，可以与提问、发问等教学手段结合使用，并结合手势吸引少儿的注意力。

3. 教师的讲解既要注意全面性，又要抓住运动技能的关键、重点和难点，简明扼要地进行。

4. 讲解要与示范动作相结合。

（三）直观法（示范法）

1. 要有明确的目的性，教师的示范要根据教学任务、步骤以及少儿的情况进行，如教授新动作技能时，为了使少儿建立完整的动作概念，一般先做 1~2 次完整示范，然后结合教学要求，做重点示范。

2. 示范动作要正确、优美。教师的示范是典范，应使每个少儿都能感到教师示范动作的准确性、熟练性和轻快性，使他们对动作形成正确的印象，并产生跃跃欲试的心理冲动。

3. 注意示范的位置、方向和时机。根据教学的需要，选择最佳时机，展示和强化正确的技术动作。示范的方向应根据动作的结构和要求少儿观察的动作部位而定，常用的示范包括正面示范、背面示范、侧面示范和正误对比示范等。

4. 示范要与讲解结合起来，使直观与思维相结合。

（四）塑造法（完整教学法）

1. 在少儿趣味田径教学中，塑造法并不是意味着一开始就要求少儿掌握完整的技术动作，而是用简化或包含完整技能中最重要的动作和少儿能成功完成的形式进行教学。

2. 在运用塑造法时，不应一开始就要求少儿做得很准确，也不能提出过高的要求。一般地说，可以先让少儿练习简单化的技能。逐渐改变任务要求，然后通过练习使整个技能塑造成近似成熟的形式。

3. 在少儿趣味田径教学中，一些动作较为复杂的项目，例如跨栏跑技能通常是复杂的技能，在这个项目中，重要的是有节奏地快跑，因此，在塑造跨栏技能时应首先进行节奏跑训练，消除恐惧因素再逐渐加入技能内容。

（五）链接法（分解法）

1. 技能部分的划分要正确，要考虑到每一动作的衔接关系。如掷少儿标枪技能，助跑之后的姿势具有原地掷标枪时所没有的特点，最后用力时又包含着助跑时所获得的预先速度，助跑与最后用力的衔接不能停顿和脱节，否则会破坏技术的完整性和动作节奏。

2. 分解教学的时间不宜过长，应根据少儿掌握技能的情况尽快进行技能的完整教学，以免影响技能的完整性。

3. 链接法应与塑造法配合使用，不应把两种教学法孤立起来，应该是塑造中有链接，链接中有塑造，逐渐改变任务要求，这样才能使少儿尽快地掌握技能。

（六）预防与纠正错误动作

在少儿趣味田径教学中，由于教学阶段不同，教学的要求和目的不同，少儿产生错误动作的原因不同，因此预防与纠正错误动作的方法也就不同。这一手段是教学中使用最多，也是最基本、最重要的方法之一。

1. 备课时认真考虑所学技能容易产生哪些错误动作，有针对性地考虑预防的措施。课前应了解少儿的情况，仔细检查场地器材，采取安全措施。上课时讲解要恰当，示范要正确无误。

2. 对错误动作要及时发现，及时纠正。错误动作的产生有时是单方面的，有时可能是多种原因并存。例如，有的少儿在练习中产生错误动作的原因既有动作概念不清方面的，又有身体素质方面的，在这种情况下，应分清主次，对症下药。

3. 初级阶段出现的错误，大多属于技能概念不清楚而产生的，对此要强调正确的动作要领。中级阶段，随着练习要求的提高，少儿产生的错误动作多是由于身体素质较差造成的，这时应使教学方法和练习条件灵活多样，实事求是，区别对待；对由于心理障碍方面的原因产生的错误动作，应先消除心理障碍，提高少儿自信心。高级阶段的错误动作大多是过分追求运动成绩产生的，这时应着重强调团队意识与运动成绩之间的关系。

4. 预防和纠正错误动作的方法很多，例如语言提示、直接帮助、改变练习条件、正误对比、心理暗示和诱导等方法。在教学中要针对少儿出现错误动作的原因和具体情况，灵活选择运用。

5. 及时提供反馈。提供的反馈应该是积极和正面的，尽量避免消极的负面的反馈，应该多鼓励。反馈要及时，反馈时间越短纠正的效果就越好。提供的反馈应是具体的，而不是一般性的。

三、少儿趣味田径练习步骤与方法

少儿趣味田径的基础练习活动关系到少儿以后的发展潜力。少儿趣味田径练习是专门针对6~12岁少儿的，其练习模式是一种以多种项目为基础的"比赛性"与"教育性"的模式（图4-1），学习和掌握多种运动的一般运动技能，培养少儿对田径运动的兴趣和爱好，以及优秀的道德品质、意志品质及团队精神，增强体质，促进各项运动素质的提高。

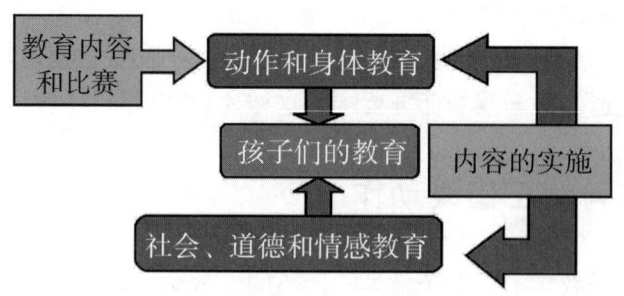

图 4-1 少儿趣味田径练习模式

（一）少儿趣味田径练习步骤

少儿趣味田径练习是以通过所选的活动来提高他们的身体素质和运动技能为目标的一个系统的、长期的过程。少儿的练习可划分为 6~8 岁、9~10 岁、11~12 岁三个年龄段，如图 4-2 所示。这个过程需要循序渐进，并且要考虑少儿的实际需求及能力。

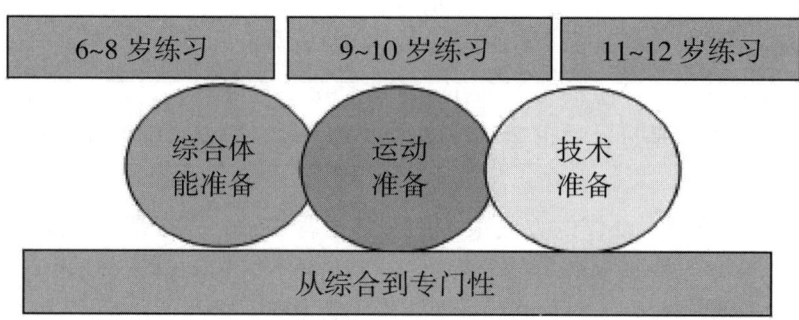

图 4-2　6~12 岁少儿练习内容进展

（二）少儿趣味田径练习方法

少儿趣味田径练习要在抓好全面发展身体素质的同时，利用少儿模仿能力强、求知欲望高的特点，充分发展少儿的各项运动能力，以基本技能为主，完整技术为辅，做好基本功练习。切忌超越他们身体能力而过高要求，要逐步帮助少儿建立正确的技术概念。

根据少儿趣味田径基础阶段练习的重点，在这个阶段的练习方法可采用多种内容结合在一起的综合性方法，如游戏及各种形式的比赛等。所用的方法要尽可能让不参加工作的肌肉得到最大限度的放松，使用力量不是很大的动作要尽可能发挥最大动作速度,在练习中各项活动内容都是有机联系的,可采用综合与专门练习内容、不同的方法和负荷量来提高少儿练习水平,增强趣味性且每个年龄段都有相适应的练习内容。

1. 6~8岁年龄段练习方法

对这个阶段的少儿来说,参与少儿趣味田径运动是新鲜的、有趣的玩;对教师来说,是寓教育于游戏之中。游戏的组织要符合少儿身心发育的阶段特点,内容要丰富,形式要多样,每项游戏的时间不宜过长,活动中应有休息,休息中教师可用讲故事、介绍体育明星幼年的情况或锻炼常识,使少儿在心理上对体育运动产生美好的"幻想",并促使他们在行动上积极参与。

从本阶段的练习内容来讲是综合体能准备,即全面发展时期。所谓全面发展就是要他们做各种动作,参加他们能进行的各种运动项目,从而根据此年龄段敏感期的特点推荐练习内容来发展其灵敏、协调、柔韧、力量和耐力,并重点发展柔韧、速度和灵敏。

从本阶段的身体训练任务看,不论是徒手还是使用器材的练习,都是使少儿开始接触和体会各种动作,建立运动的基本能力,能承担一定量的运动负荷,为以后进一步练习打下基础,不宜对技术动作要求过高,只要建立正确动作技能的基本雏形即可。

根据这个年龄段的特点,在全面发展身体素质的基础上,要加大速度素质、柔韧性和关节灵活性以及灵敏和协调素质的练习时数,而且在练习的组织与要求上也应以发展这些素质为中心。方法如下:

(1) 速度素质练习方法主要采用速度快、练习时间短、重复次数少、间歇时间长、方法多、形式活的练习手段。提高反应速度和动作速度的方法有:

①移动目标反应法(对球等移动目标的变化做出反应的方法),如T形移动穿梭训练(图4-3)。

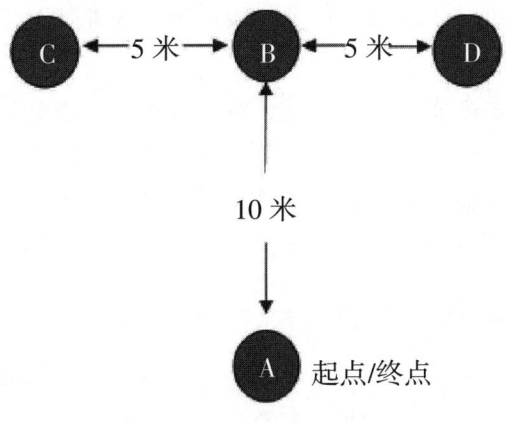

图4-3 T形移动穿梭练习

②反复进行快速动作练习，如速度阶梯和30秒竞速跳绳。

③运动感觉反应法，如10秒象限跳（图4-4）、15秒十字跳。

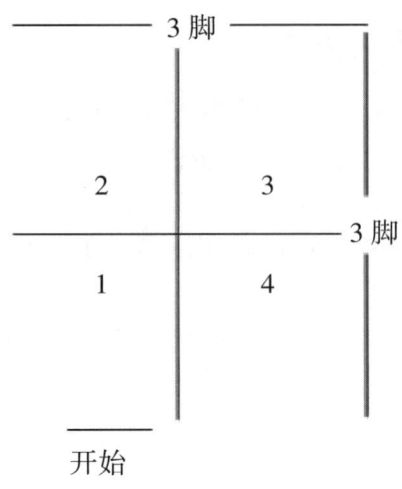

图4-4　象限跳

（2）柔韧素质练习方法，可采用动力性与静力性相结合的练习，用较大的肢体活动幅度进行基本练习，在每次课的开始部分进行各种手段的柔韧性练习。提高柔韧素质的方法有：

①定位徒手操伸拉法。由上至下各个关节、韧带的旋转及伸拉（头部、躯干、下肢及踝关节的环绕、屈伸、伸拉练习），如原地并腿体前屈、原地分腿体前屈、原地弓箭步压腿、原地侧压腿、原地丁字步压腿等。

②肋木伸拉练习法。如肋木压肩、肋木弓箭步压腿、肋木正压腿、肋木侧压腿、肋木正摆腿、肋木侧摆腿、肋木后摆腿等。

③行进间操伸拉法。如行进间振臂、行进间体侧屈、行进间体转、行进间弓步压腿、行进间侧压腿、行进间正踢腿、行进间侧踢腿、行进间内收踢腿、行进间外展踢腿等。

（3）技能练习法。6~8岁年龄段的跑、跳、投类技能有短跑、跨栏跑、耐久跑、立定跳远和掷标枪。其具体的练习方法是根据本年龄段指定项目，通过选用几项身体素质进行循环练习，如由跑、跳、投所组成的循环练习，每个项目持续10分钟。在练习中可采用3~4个练习站来进行，重点放在发展某一项身体素质上。

2. 9~10岁年龄段练习方法

此阶段是运动准备阶段，即基础练习阶段的开始阶段，各种技术动作的学习、掌握与运用，都要求有一定的水平；身体素质练习的多次重复与每天的练习，要求身体具有承担相应运动负荷的能力，所以要重视身体素质的提高。

根据本阶段少儿身心发展的规律，各项练习仍以全面发展为主，并结合本年龄段的推荐项目重点发展处于发展敏感期的素质，如柔韧、速度（反应速度、动作速度和位移速度）、灵敏等。同时亦应进行适当的力量和一般耐力的练习，比重占整个练习的 50% 左右，要在每次课中注意其全面性。通常柔韧练习可在课的前面部分进行，其他素质练习针对发展需求选取推荐项目中的项目合理地进行安排，耐力跑项目放在最后进行（持续活动不可少于 8 分钟）。因为通过适宜强度（控制在有氧供能范围内）和负荷的一般耐力性训练有助于增加心脏容积和心肌力量，所以对少儿循环系统的发展有很重要的作用。

在全面发展身体素质的基础上，要将速度和灵敏放在最重要的位置，这种重点的突出不仅表现在练习时数比重大，而且在练习组织与要求中也以它为中心。力量练习要注意各部位力量的全面发展，主要以促进跑跳能力为主，以不负重、克服自身体重练习为主。

（1）**速度素质练习方法**

在此年龄阶段，速度素质敏感期窗口仍然开放。因此，在训练中应以采用速度快、练习时间短、组间重复次数少、组间间歇时间长、方法多、形式活的练习手段。提高速度素质的方法有：

①进行快速动作练习（格子跑、15 秒十字跳）。

②移动目标反应法（对球等移动目标变化做出反应的方法）。如 3 锥点穿梭训练法（图 4-5）B、D 锥点移动训练法（图 4-6）。

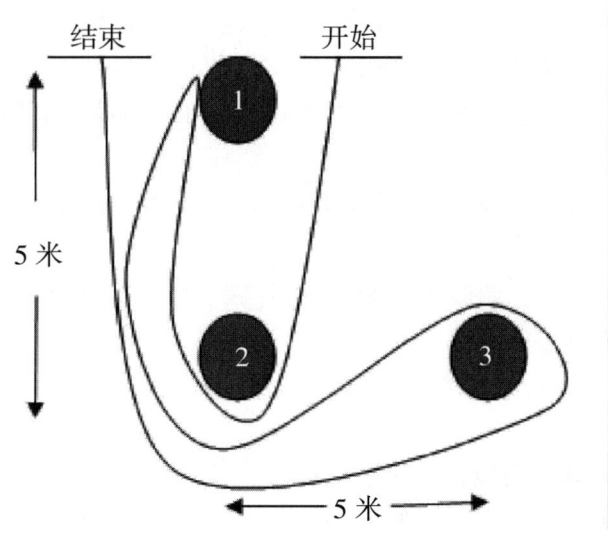

图 4-5　3 锥点穿梭练习法

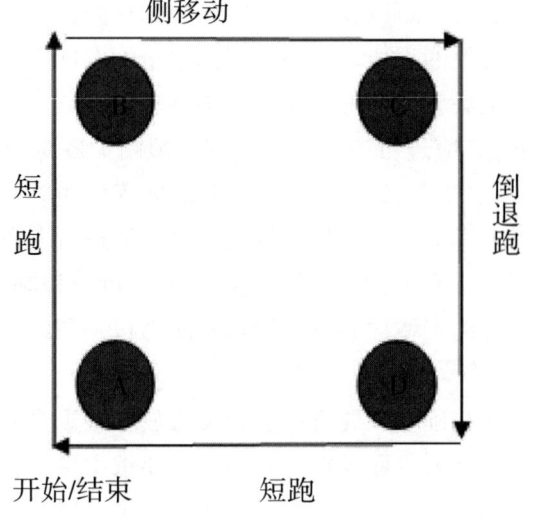

图4-6 B、D锥点移动练习法

③综合练习法。如短跑/跨栏接力、短跑/绕杆跑，一级方程式跑。

(2) 柔韧素质练习方法

柔韧素质训练在9~10岁素质敏感期仍然是处于开放状态，这一阶段的柔韧素质训练可采用动力性与静力性相结合的练习，用很大的肢体活动幅度进行田径的专门练习和基本练习，在每次训练课的开始部分进行各种手段的柔韧性练习。提高柔韧素质的方法有：

①定位徒手操伸拉法。由上至下各个关节、韧带的旋转及伸拉（头部、躯干、下肢及踝关节的环绕、屈伸、伸拉练习），如原地的并腿体前屈、分腿体前屈、弓箭步压腿、侧压腿、丁字步压腿和坐地的并腿体前屈、分腿体前屈以及横劈叉、纵劈叉等。

②肋木伸拉练习法。如压肩、弓箭步压腿、正压腿、侧压腿、正摆腿、侧摆腿和后摆腿等。

③行进间操伸拉法。如振臂、体侧屈、体转、弓步压腿、侧压腿、正踢腿、侧踢腿、内收踢腿和外展踢腿等。

(3) 技能练习方法

依据此年龄段练习内容，9~10岁年龄段少儿练习的技能有短跑、跨栏跑、耐久跑、撑竿跳、跳远、掷标枪和掷铁饼。具体的练习方法是根据本年龄段所指定的练习内容，通过选用几项身体素质进行循环练习，或者对几个项目设置几个练习，由跑、跳、投所组成，每个项目持续15分钟。在训练中，可采用4~5个训练站来练习，至少设置4个项目，重点放在发展某一项身体素质上。

3. 11～12岁年龄段练习方法

这个阶段的练习仍以全面身体练习为主，依据该年龄段敏感期的特点，重点发展柔韧、速度和灵敏等素质。在练习过程中，以重复练习法、游戏法和改变练习环境与条件的比赛法等进行。在速度练习中，要重点提高以视觉信号为主的各种情况下的反应速度，通过提高步频练习使步频达到最佳水平，并使60米以内各种距离跑的成绩达到最好。在灵敏素质练习中，要对练习速度提出要求，重点是提高节奏感、用力感及重心和体位的变化与控制能力。柔韧素质则除保持肩、髋、躯干及腕、踝关节的伸展性外，在其他练习中要注意动作的幅度与动作的速率。身体各部位的力量要全面发展，但为了保证速度、灵敏素质发展的需要，还应有重点地提高下肢和腰腹的速度力量素质。耐力素质仍进行一般耐力练习，进一步提高心肺功能。

(1) 速度素质练习方法

①提高反应速度的方法

A. 信号（声音、光、手势等）刺激法。如听信号做各种姿势的起动跑（站立式、半蹲式、背向、俯卧等）。

B. 运动感觉反应法。即通过提高时间感知能力进而提高反应能力的方法。

C. 移动目标反应法（对球等移动目标的变化做出反应的方法）。如回旋式训练方法（图4-7）。

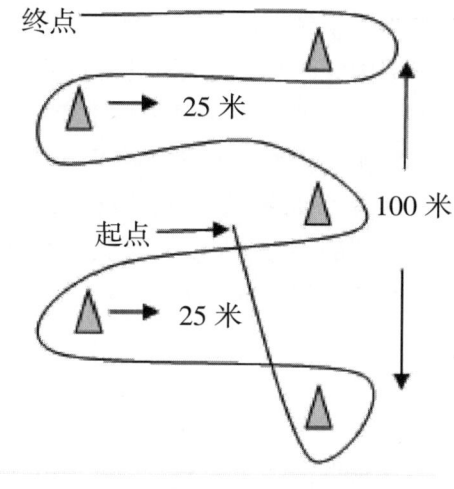

图4-7 回旋式练习法

②提高动作速度的方法

A. 利用外界助力提高动作速度。如顺风跑、下坡跑等。

B. 利用动作加速或变化重量的后效应提高动作速度。如下坡跑后至平地继续加速。

C. 缩小完成练习的空间和时间界限。如跨栏跑训练中缩短栏距的训练。

D. 反复进行快速动作练习。如原地、支撑快速高抬腿、快速摆臂、挥臂等。

E. 借助于信号刺激提高动作速度。如利用击掌或教师的口令等指令性语言，使练习者伴随着声音、信号的节奏做出协调一致的快速动作。

③提高移动速度的方法

A. 反复进行各种跑的专门练习。如各种起跑、加速跑、反复跑、间歇跑、变速跑、定时跑、行进间跑、上下坡跑、冲刺跑等的专门练习。

B. 高频率的专门练习。如各种跑的专门练习、各种跑的专门练习接加速跑、下坡跑等。

C. 综合训练法。如一级方程式、短跑/跨栏跑、折返方程式、短跑接力、短跑绕杆跑等。

(2) *耐力素质练习方法*

在音乐伴奏下进行各种形式动作的有氧韵律操、定时跑、渐进耐久跑、1000米耐久跑、各种球类的活动和5分钟以上的循环练习等。

(3) *力量素质练习方法*

这一年龄段处于力量素质发展的敏感期，是发展力量素质的最佳时期。在练习中，要根据少儿的生理、心理特点进行。此年龄段的力量素质练习应以动力性练习为主，少用或不用静力性练习，依靠肌肉内协调能力的改善，提高神经系统的指挥能力，以动员更多的运动单位参与工作，提高肌纤维同步化的程度。在练习中，为了使身体平衡发展，强化某一块肌肉的同时，也要强化对抗肌。如：在练习中总是强调股四头肌则股二头肌就会受伤，只有肌群得到强化，才能承受较大的运动负荷。另外，要辅助进行柔韧训练，做到均衡同步地发展各项素质。

提高力量素质的方法有超等长训练法，如跳栏架、跳深等；对抗性练习法，如双人顶、推、拉等；利用自然环境的练习法，如沙地和草地的跑跳练习等；抗轻阻力练习法，如用轻重量的杠铃、哑铃等器械进行练习。

(4) *柔韧素质练习方法*

根据少儿身体素质发展特点，这一阶段仍然要进行柔韧性和关节灵活性的练习，不可间断，要做到与其他身体素质同步协调发展。可采用动力性与静力性相结合的练习，用很大的肢体活动幅度进行田径的专门练习和基本练习，在每次课的开始部分进行各种手段的柔韧性练习。

提高柔韧素质的方法有：

①定位徒手操伸拉法。由上至下各个关节、韧带的旋转及伸拉（头部、躯干、下肢及踝关节的环绕、屈伸、伸拉练习）。如原地的并腿体前屈、分腿体前屈、弓箭步压

腿、侧压腿、丁字步压腿和坐地并腿体前屈、分腿体前屈，以及横劈叉，纵劈叉等。

②肋木伸拉练习法。如压肩、弓箭步压腿、正压腿、侧压腿、正摆腿、侧摆腿和后摆腿等。

③行进间操伸拉法。如振臂、体侧屈、体转、弓步压腿、侧压腿、正踢腿、侧踢腿、内收踢腿和外展踢腿等。

(5) *技能练习方法*

依据本年龄段练习内容，少儿练习的项目有短跑、跨栏跑、耐久跑、撑竿跳、跳远、掷标枪和掷铁饼。具体的练习方法是根据本年龄段所指定的练习内容，选用几项身体素质进行循环训练，或者对几个项目设置几个练习，由跑、跳、投所组成，每个项目持续15分钟。在练习中，练习者可采用5~6个练习站来进行，至少设置5个项目，最后最好加上一个耐力跑练习。

4. 13~15岁年龄段练习法

13~15岁年龄阶段的训练是6~12岁少儿田径练习的延续，对年轻的运动员来说，此年龄段的训练是人生中的一个关键时期，也是学校和协会培养年轻运动员参加地区、国家或世界级锦标赛的准备阶段和桥梁，可为提供后备人才做好储备。

此阶段，少儿的生理及心理两方面都发生了重大的转变。因此，其任务是重点抓住他们身体素质能力发展的最大潜能期，促进各项运动素质的提高；学习和掌握多种运动技能和多项田径技术，提高全面发展水平。同时，根据这个时期少儿的变化，要注重在训练中区别对待，为培养高水平的田径运动员打下良好的基础，从而避免早期专项化。

第三节 少儿不同年龄段跑的基本技能、技术要求与教学练习重点

少儿阶段跑的主要内容包括短跑、跨栏跑、耐力跑、各种类型的接力跑和具有游戏趣味的一级方程式跑。

一、1~2年级少儿跑的基本技能要求与教学练习重点

在少儿趣味田径运动中，1~2年级的少儿是以学习基本技能为主，因此在项目的选择上，一般以技术要求不高的项目为主。这一年龄段的教学、练习和比赛的主要项目包括短跑/跨栏跑对面接力、8分钟耐力跑、一级方程式跑和格子跑。

（一）基本技能要求

1. 短跑/跨栏跑对面接力

此项目的基本技能主要包括与短跑和跨越障碍跑有关的能力，具体内容有在听到或看到信号后快速反应的能力、快速奔跑的能力、有效控制与调整在给定的距离内的调整步幅的能力、保持匀速跑的能力、越过障碍后迅速转换到跑动状态的能力，以及双臂在跑动中前后摆动时双手准确地做出拿放动作的能力。

2. 8分钟耐力跑

此项目要求在非常严格的速度指定范围内很好地进行节奏控制，因此，此项目的学习和练习主要以提高少儿的控制速度能力、运动中控制呼吸的能力和适应他人速度节奏的能力为主。

3. 一级方程式跑

由于一级方程式跑所涉及的动作、路线和障碍等因素的变化较多，因此，此项目对少儿基本技能方面的要求主要包括在各种姿态变换的条件下快速起跑的能力、适应朝左和朝右两个方向的曲线跑时身体向内倾斜的能力，以及在快速状态下跨越障碍的能力。

4. 格子跑

此项目是在地上放置一个规则的梯子（可以用绳梯），或者是在地上画出的规则格子上跑。格子总长5米，每个格子的间距是50厘米。要求少儿尽可能快地有节奏地跑过每一个格子。这一练习不允许少儿离开格子跑或未逐一跑过格子。

这种练习可以有效地提高少儿的节奏感，并能使他们逐步适应固定幅度的跑步节奏。

（二）教学练习重点

1. 教学重点

（1）短跑/跨栏跑对面接力

教学重点主要包括两个方面：熟练掌握在快速奔跑中过低栏的技术；有效控制与调整在给定距离内的步幅大小。

在教学中，栏架选择要注意安全、轻盈且易被踢落，并要根据少儿的水平来确定跑进的路线。

(2) 8 分钟耐力跑

让少儿学会在得到信号后能以不同的速度跑不同的距离和掌握跑几步一换气的呼吸节奏。还应该引导他们观察并发现二次呼吸等生理现象。

(3) 一级方程式跑

由于此项目包括了体操的基本内容——前滚翻，因此，教学中要遵循体操教学的特点和要求，教会少儿在滚翻中保持速度和身体姿势。另一方面，让少儿在变换跑进方向的过程中掌握跑跨结合的技术也非常重要。

(4) 格子跑

要求在梯形格子内连续跑过，同时保持固定的节奏，即固定的步频和固定的步幅。

2. 练习重点

(1) 短跑/跨栏跑对面接力

对于初学者来讲，过栏技术的掌握是较为困难的，因此，此阶段的练习重点就在于过栏技术。由于初学者会在障碍物前放慢速度或倒步子，并且为了安全而采取双脚落地的方式。所以，在练习中需要不断强调不要在障碍物前减速，应尽量保持跑动中速度不变。

练习时，可先用标志物替代栏架，然后再逐步提高练习的难度。

(2) 8 分钟耐力跑

为了达到让少儿感受不同运动负荷的目的，练习中应尽可能地进行少儿能力范围内的一切强度的跑步练习。

练习中，一定要有具体的距离和速度上的要求，并让少儿尽可能地保持匀速。在集体跑练习中，为了让少儿能适应不同的跑速，可以变换尽可能多的领跑者。

(3) 一级方程式跑

加强少儿平衡能力的练习较为重要，可适当采用不同身体姿势条件下的起跑练习、不同坡度上的滚翻练习来提高他们的平衡能力。

练习中，可以不断变换项目的顺序、练习的方法和跑进的路线，以此来提高少儿练习的积极性。每次练习课前，一定要注意保证场地没有任何危险性。

(4) 格子跑

练习时，可以先跑过较少的格子，即格子的数量较少，但格子的宽度不变并强调练习的规格。在经过一段时间的练习后，可以逐步增加格子的数量和每个格子的间隔长度，从而达到增加步幅和练习难度的目的。可以采用击掌或语音提示的方式帮助少儿尽快形成节奏感。

二、3～4年级少儿跑的基本技能要求与教学练习重点

（一）基本技能要求

1. 耐力跑

这个年龄段的少儿主要提高在跑步过程中的速度控制能力（学习并掌握在跑步开始时节省体力的战略）和呼吸的调整能力。

2. 短跑/跃障碍/绕杆对面接力

提高少儿判断身体与障碍物之间空间关系的能力。在进一步提高垂直和水平跨越障碍能力的基础上，尝试掌握侧向跨越障碍和变向跑的能力。

（二）教学练习重点

1. 教学重点

（1）耐力跑

应该采用不同速度要求下的跑步练习，逐步使少儿掌握变换和控制速度的能力，不要让他们用特定的和不同的步幅跑完一段距离。为了使练习变得更容易，最好在一段不变的时间里完成不同的距离（如在一个矩形的场地内跑完 40 米用 15 秒，跑完 30 米用 15 秒）。

教会少儿在有规律的步幅条件下，有节奏地进行呼吸。教师要用精确的指导用语，比如"跑得快点儿，稍微慢点儿"。

（2）短跑/跃障碍/绕杆对面接力

可以在一个倾斜的跑道上，让少儿用同样的步幅从左到右（也可以采用从右到左的方法予以适当的变换）跨过低的障碍物。

教学中要尽量避免少儿为了安全而采用双脚着地的方法。

注意让少儿在跑动中保持良好的摆臂动作，不能因为跨越障碍而用双手平举来保持平衡。

在交接棒的教学中，要提醒少儿不要把注意力集中在看棒上，以免降低跑的速

度，并要让他们尝试两只手都学会交接棒。

2. 练习重点

(1) *耐力跑*

练习的距离控制在 50~200 米，要严格完成速度指标。练习前一定要让少儿了解整个练习中速度变化的计划。

要在练习中控制好心率。要给少儿以适当的恢复时间，恢复时可以让他们自行测试心率。

(2) *短跑/跃障碍/绕杆对面接力*

为了进一步提高跨栏的能力，练习中要采用不同的栏高和栏间距。在练习的后期，可让少儿适当采用栏间 3 步的节奏。练习中要使用秒表，以保证少儿保持速度。练习的路线应该经常变换，可设置为椭圆形、8 字形或圆形等。

三、5~6 年级少儿跑的基本技能要求与教学练习重点

(一) 基本技能要求

1. 短跑接力

短跑接力要求具备特殊的保持最大速度的能力、熟练的交接棒能力，以及对速度的判断能力和调整自己与其他选手之间节奏的能力。

2. 短跑/跨栏接力

此项目要求少儿提高在不同的间隔距离条件下，有效变换节奏并跨越障碍物的能力。进一步提高与他人之间的速度协调能力和交接棒的技术。

(二) 教学练习重点

1. 教学重点

(1) *短跑接力*

进一步提高接力棒的交接水平，可以采用在没有障碍物情况下的交接棒练习。

提高掌控速度的能力，可以采用多人从不同方向同时跑向终点或运用人与滚球同时跑进的方法来加以提高。

让每个少儿以不同的步幅来跑,尝试寻找他们自己适宜的跑步步伐,以提高跑步技术。每个人都要以不同的步幅跑若干次。

尝试学会长时间保持快跑。可采用在弯道上用40~50米的折返跑来练习,让少儿在折返跑的过程中保持高速,同时也可以在此过程中让他们尝试以不同的速度来体验如何保持长时间的快跑。

(2) *短跑/跨栏接力*

由于采用了不同间隔距离的障碍物,因此,在教学中一定要保证场地的平整和障碍栏架的安全。提示少儿在上栏前保持基本稳定的节奏,下栏过程中要尽可能地保持速度。教会少儿用左右腿都能跨栏。交接棒教学中,要注意保证少儿传递和接取接力棒(或相类似的器具)时的准确性和规范性。

2. 练习重点

(1) *短跑接力*

练习中要使用计时设备,以有效控制少儿的速度。在折返跑时要求保持好速度。

借助于各种信号,帮助少儿提高反应水平。还需要通过各种形式的比赛来提高练习的强度,并帮助他们巩固相应的短跑和交接棒技术。

(2) *短跑/跨栏接力*

在确定练习方法时,可以长短不一的间隔任意摆放障碍物来划分距离,距离可以控制在3~15米,把栏架放置在划定的间隔上,以3~5步的栏间跑节奏跑完。教师要在步伐数量上给出明显的要求,让少儿严格遵照指导进行练习。在相等的距离间隔上,让他们进行正确的重复练习。

进入初中阶段后,径赛项目技术的教授可以通过介绍相关的短跑技术的主要技术来完成,着重提高反应速度、加速度、最大速度和保持速度的能力。由于不可能将以上因素一次完成,故应采用多样的练习方式进行专项练习。

后踢腿跑、小步跑、高抬跑和车轮跑是用以改进跑的技术的最常用的练习手段,可以在这个阶段的练习中经常单独运用或组合运用。

第四节　少儿不同年龄段跳的基本技能、技术要求与教学练习重点

少儿阶段跳的主要内容包括立定跳远、跳绳、各种形式的变向跳跃、沙坑撑竿跳远、跳远和三级跳远。

一、1~2年级少儿跳的基本技能要求与教学练习重点

此年龄段的跳跃项目包括立定跳远接力、十字跳、跳绳、限区域三级跳。

（一）基本技能要求

1. 立定跳远接力

对少儿的练习不但要注重发展下肢的力量，而且应强调少儿手和腿的协调作用，以及下肢的对称运动。要让他们适应在着地时产生的向前不稳定性，并提高平衡能力。

2. 十字跳

提高长时间保持连续跳跃的能力。在变换跳跃方向的条件下，提高着地的平衡能力。

3. 跳绳

提高少儿的手脚协调能力，并提高他们的跳跃能力。

4. 限区域三级跳

进一步学习运用手臂动作来协调跳跃过程中的平衡，提高在连续跳跃过程中保持平衡的能力，提高跑跳结合能力，尝试寻找适合自己的短程助跑距离（10米左右）。

（二）教学练习重点

1. 教学重点

(1) 立定跳远接力

为了安全，首先要加强对缓冲式无声落地的指导。可以使用一个适合少儿能力的、较高的器材，让他们完成一次双脚落地的跳跃。然后，进一步让他们用双脚起跳，以及弯曲下肢落到高于地面的设备上的方法来掌握稳定的落地姿势。

让少儿进一步适应在不同的稳定身体姿势情况下的跳跃。可以在一个跳房子的设计图上（例如十字形的跳房子），让他们一边旋转一边做出向左跳、

向右跳的动作等。

由于初学者往往不能充分地运用肌肉发力，动作间的衔接通常不成功，因此，可以采用双脚垂直起跳触摸高处的目标物等方法来提高他们腿的蹬伸能力和用力的协调性。

(2) *十字跳*

要让少儿体验不同的起跳技术，如简单的单足跳、连续跳、转身跳等。最后，可以过渡到在不同方向跳跃的基础上，要求跳过一定数量的障碍物。让他们体验双脚起跳后的旋转和平衡。教学时，应提示少儿眼睛向前看而不是低头看脚，并且保持身体正直。

(3) *跳绳*

先让少儿跳别人摇的绳做垂直跳跃，以适应摇绳的节奏，然后再自摇自跳以体验摇、跳结合。在为别人摇绳时，要保持警惕性，以免发生意外。

应该选择合适长度的绳，摇绳时要用手腕控制。

(4) *限制区域三级跳*

练习主要限制的是跳跃的距离。开始时，可采用3~5步助跑的跳跃练习，并强调起跳前不要降低速度，落地时也要保持速度。

初学者遇到最基本的跳跃技巧中的配合问题时，通常会因为体重没有放在支撑腿上而导致在起跳时失去平衡，而手臂不能很好地配合也会妨碍平衡。因此，在教学中要提示少儿不要后仰身体，要让重心及时跟上。

在刚开始发展手臂的协调摆动能力时，可以采用变换跳跃组合的方式来进行，比如单足跳、跨步跳的组合。手臂的摆动方式可以尝试双臂同向摆或交叉摆，也可采用两种摆臂方式交替使用的跳跃练习。

在年龄大一点之后，方可采用三级跳远技术教学的方法进行这一项目的技术教学。助跑距离应控制在20米以内，让少儿反复尝试能在起跳区域准确地踏板起跳，并保证第三跳以双脚落坑。

2. 练习重点

(1) *立定跳远接力*

练习时，要让少儿双脚起跳。

练习的初级阶段可以采用单独的一次蹲跳，随着跳跃能力的发展，可逐步转换做变向跳跃，再进一步发展为连续的多级双足跳，但可以考虑控制每一跳的距离以保持身体平衡，并适当地降低着地时的冲击力。

(2) 十字跳

用不同的图形或障碍物进行练习。要固定跳跃的节奏，并保证一定的跳跃时间。练习平衡能力的同时，仍然要选用一定数量和各种形式的练习来提高少儿的下肢跳跃能力。

当少儿的跳跃能力和保持平衡的能力达到一定的水平后，可以适当增加障碍物的高度或宽度来提高练习的难度。

(3) 跳绳

练习初期以低速跳跃为主，弹跳的高度不能太高。经过一段时间的练习后，可以让少儿尽可能地多跳，并可采用边跳边跑进的方法提高手脚协调和跑跳结合的能力。可以让年纪最大的或是动作协调得最好的少儿踮脚跳，以最大限度地提高他们的跳跃能力。

(4) 限区域三级跳

在着重提高成绩前，要把练习重点放在技巧掌握上。由于单足连续跳跃的强度较大，对少儿的骨骼和肌肉系统的发育会带来一定的影响，因此，助跑的速度不能太快，练习中对远度的要求不能过高，关键在于保持起跳前的速度和三跳的节奏。

练习的场地一般选择较为松软的地面。为了保证跳跃的直线性和节奏感，可在场地上设置适当的水平标志物，严格要求少儿根据标志物来跳跃。

二、3～4年级少儿跳的基本技能要求与教学练习重点

这个年龄段的跳跃项目包括撑竿跳远和精确跳远。

（一）基本技能要求

1. 撑竿跳远

要求少儿具有双手握紧撑竿的能力。学会使自己的身体从起跳至撑竿达到一定高度时保持平衡的能力。

2. 精确跳远

掌握助跑和单足跳的技巧，进一步提高跑跳结合能力，重点提高在保持助跑速度的基础上，能够在起跳区准确起跳的能力。

（二）教学练习重点

1. 教学重点

（1）撑竿跳远

初学者往往不会利用撑竿起跳，他们不把撑竿往前带，而且常常在起跳过程中手从竿上松开。为了避免出现这种情况，对初学者可以采用这样的方法：从一个牢固和适合的平台上，握紧撑竿向前跳起，然后控制住身体的平衡，用双脚落地。所使用的撑竿不超过2米，并选用柔软的垫子作为落地区。

在掌握了落地动作以后，再进一步学习利用撑竿向上跳的技术。同样可利用适当高度的平台，完成支撑跳跃跳上平台的办法加以练习。在上述两种技术都掌握后，再学习持竿走、持竿助跑和持竿助跑起跳技术。教学时，要强调持竿的稳定性，要向前带竿，而不是简单地翻转。

（2）精确跳远

教学中的跳跃远度要求不能太高，强调的是能在起跳区域准确地踏板起跳。主要通过反复助跑结合起跳练习来实现。初学者容易跑到起跳板前就低头观察离板的距离，这样会影响保持助跑速度和正确的起跳姿势。因此，要提示少儿在起跳前把注意力集中在保持速度上。教师应把相差的距离及时反馈给少儿，以便他们尽快地把握住自己最后一步距离起跳板的远度。

2. 练习重点

（1）撑竿跳远

要提高少儿的手臂和躯干的力量，以保证他们能完成整个技术动作。要引入适当的体操练习，来提高他们在远端支撑的情况下保持身体平衡的能力，如在吊绳上完成屈体上摆成倒立等。在完成各种持竿练习时，肩部要放松，持竿要稳定，身体不乱晃动。

（2）精确跳远

练习方法与限区域的三级跳类似。为了进一步提高助跑的准确性，练习中可采用更多的节奏跑和精确跑，以利于发展少儿的助跑速度和精确度。

三、5～6年级少儿跳的基本技能要求与教学练习重点

这个年龄段少儿的跳跃项目包括沙坑撑竿跳远、短距离助跑跳远和三级跳远。

（一）基本技能要求

1. 沙坑撑竿跳远

此项目是让少儿使用撑竿起跳后跨越障碍并尽可能远地落在沙坑内。因此，要求少儿提高利用撑竿向前起跳的能力和在空中保持平衡并维持原有的运行轨迹的能力。

2. 短距离助跑跳远和三级跳

这两个项目要求少儿对助跑、单足跳、跨步跳和跳跃这一连贯动作的技术准确性有基本的掌握，对他们在单足支撑状态下发展和保持平衡的能力有较高的要求。

（二）教学练习重点

1. 教学重点

（1）沙坑撑竿跳远

助跑的距离在 10 米左右，可在地上画出（或放置）一个起跳插竿点的标志，让少儿在竿触到标志的瞬间起跳。要完成一次正规的撑竿跳，必须把起跳腿和起跳腿同侧臂的动作有机结合起来：左腿起跳者，右手持竿上部，反之则左手在上。

要求少儿练习时的起跳点、插竿点和着地点三者在一条直线上。为了保证安全并提高教学效率，应该用尺量出合适的握竿位置，再用布绑在撑竿上的适当位置以标出双手握竿的间距。为了让少儿起跳后能越过一定的高度，可运用橡皮筋、纸盒等物品作为障碍物，要求他们起跳后能举起双腿，顺利地蹲曲着越过障碍物。

（2）短距离助跑跳远和三级跳

为了达到落地的准确性，初学者容易在起跳区之前就放慢速度并且眼睛看地，因而忽视了常规标准的跳远技术。因此，在教学中还是要强调助跑与起跳的连贯性，始终提示少儿不要看地面，把注意力集中在跳跃动作的技术上。助跑距离为 5 米，起跳区宽度为 50 厘米。

用于辅助教学的障碍物一般采用水平方向的标志物，不宜使用有一定高度的障碍物，以避免少儿们向上跳。落地点也要设置一定的标志，以保证跳跃距离适宜，能把注意力集中在跑跳结合的技术上。

在三级跳教学中，应准确设置第一跳的落点，以避免少儿起跳不够充分。

可以让少儿以不同的速度反复进行单足跳与跨步跳的衔接练习，以提高他们对三跳节奏的适应能力和保持平衡的能力。

2. 练习重点

（1）沙坑撑竿跳远

仍然要加强持竿助跑的练习，在能轻松并协调完成持竿助跑的基础上，进一步加强插竿起跳的练习，并可以在不断提高助跑速度的基础上完成完整练习。

练习的难度要循序渐进，尽可能地寻找一些辅助设施来降低撑竿跳的难度，并在练习中用标志物提示少儿正确的动作方向和身体移动轨迹。每一阶段的技术动作都需要反复练习。

（2）短距离助跑跳远和三级跳

在进行完整练习时，一定要准确地丈量步点。练习时，要采用左右腿轮换做起跳腿的方法，用以发展协调、平衡能力，并可以使左右腿力量得到均匀的发展。双臂同向摆和交叉摆的技术都应进行练习，但在练习中，要及时发现适宜少儿个性特点的摆臂方法。为了保证练习的强度和踏跳的准确性，练习前一定要准备好丈量距离所必需的尺子。

初中阶段的跳跃项目与成年人的完全一致，包括跳远、三级跳、跳高和撑竿跳高。所有跳跃项目都包含对整个身体很高的力学冲击负荷，尤其是对脚、踝和膝关节，所以要避免超负荷练习。由于场地的条件限制，当练习课的人数很多时，长时间的休息是枯燥的，对少儿来说尤为如此。此时，练习内容的设置应该包括尽量多的活动，使得少儿们都在积极地活动。

第五节 少儿不同年龄段投的基本技能、技术要求与教学练习重点

少儿阶段投掷的主要内容包括各种姿势条件下的掷远、掷准。

一、1~2年级少儿投的基本技能要求与教学练习重点

本阶段的投掷项目包括掷标枪、跪姿投掷和障碍投准。

（一）基本技能要求

1. 掷标枪

使少儿掌握以下肢先发力的正确的用力顺序。

掌握正确的投掷弧线，提高短距离助跑后能以屈臂动作结合身体的转动进行投掷的能力。

2. 跪姿投掷

让少儿体验怎样通过臀部和肩部的运动积聚力量用以投掷。

3. 障碍投准

学会很好地掌握投掷过程中的平衡，并控制好投掷方向和强度。

（二）教学练习重点

1. 教学重点

（1）掷标枪

为了保证安全，教师必须有明确的教学目标，并提供良好的器械。同时建议老师组织好练习小组、合理安排间隔时间和练习的场地，并使少儿始终牢记投掷练习时的安全规定。在器械的选择方面，应该选用一支安全和较轻的标枪（塑料或类似材料制作，最重0.5公斤）。

教学时应使少儿保持正确的身体姿势（特别注意盆骨），投掷中最后用力之前，保持手臂在肩膀的水平线上方。投掷时动作连贯，眼睛应注视标枪飞行方向。在教授助跑的交叉步技术时，可以采用在地上画出步法轨迹的方法，以促进少儿适应这种步法。

（2）跪姿投掷

要注意少儿的安全保障，可让他们跪在柔软的地面上（垫子、沙地或草地）。使用不同重量的健身球（重量为1~1.5公斤）。可通过改变投掷时的出手位置（头上，胸前，左侧，右侧）来提高少儿的投掷协调性。

投掷时，要求少儿做到保持身体紧张的状态，不要松松垮垮；投掷后，身体不要前倾失去平衡；尝试向高处投掷。可采用左右手交替练习的方式，帮助少儿提高投掷过程中的平衡能力。两手轮换投掷时，右手投掷者应该站在投掷目标偏左的位置。

（3）障碍投准

重点在于提高投掷的准确度和投掷的稳定性。

教学中，可设置高、低、中等高度的投掷目标。少儿应该练习使用多种投掷器具进行有目标的投掷，而教师应该根据不同的器具选择不同的目标物。投掷时，胸部和眼睛都要对准目标。

2. 练习重点

(1) 掷标枪

首先要注意提高少儿肩关节的柔韧性。

练习时,可以运用不同重量的标枪或提出不同的远度要求,以帮助少儿掌握正确的技术动作。如采用5米的助跑,远度标志物设在10米、15米或20米处。

(2) 跪姿投掷

跪姿或坐姿投掷都需要进行练习,同时也要进行正面投掷和侧向投掷的练习。练习的重点是让少儿掌握正确的用力顺序,因此,刚开始时对投掷的距离要求不要高,应以控制方向为主,随着技术的提高,可逐步提高远度的要求,并通过设置目标物来实现。

(3) 障碍投准

此项目要求少儿练习用的器材和目标多样化。当少儿的控制能力达到一定水平后,可适当加上旋转,右手持球者的投掷区域设置在目标左侧(左手持球者相反),也可加上助跑。

二、3～4年级少儿投的基本技能要求与教学练习重点

此年龄段的投掷项目包括旋转投掷和后抛实心球。

(一) 基本技能要求

1. 旋转投掷

体验以脚后跟或前脚掌为轴的身体重心转移,体验通过旋转使物体的加速度提高的感觉,提高旋转投掷动作完成后保持身体平衡的能力。

2. 后抛实心球

这项活动主要是解决在投掷过程中手臂之间或腿之间的协调配合能力,进一步体会投掷过程中的全身用力顺序。

（二）教学练习重点

1. 教学重点

(1) *旋转投掷*

由于旋转投掷具有一定的危险性，所以，首先要选用安全的器材，其次在练习的组织方面，要注意制定有明确目标的教学计划，在练习的场地上要安排专门的安全员。分组进行投掷练习（用左手投掷者在左边，要有足够距离的间隔），每个组都要安排充足的完成时间（包括投掷和捡器材的时间）。所有的一切都必须非常安全，把危险度降到最低。对少儿的纪律要求一定要严格，投掷时要注意其他少儿的安全。

身体随着整个旋转过程一起移动，出手时保证目视目标，身体应保持正对目标，将投掷物控制在身体外侧进行旋转投。

初学者很难完成以脚后跟或前脚掌为轴心的身体重心转移，特别是当重心移至脚后跟时，会出现身体后仰的现象。因此，教学中要让少儿感受旋转行走，即身体旋转着走一条直线：从一步转45°到一步转90°，最后尝试一步转180°。

(2) *后抛实心球*

初学者在投掷的过程中总是不能正确地运用腿或脚（他们的脚跟始终不离开地面）。由于躯干和手臂的动作过多，抛掷过程不易精确。因此，在教学的开始就要强调用整个身体来垂直抛掷各种实心球。

由于球落下时少儿有被击中的危险，所以在球投出以后要看着球。

在练习中失衡而向后倒下时，应确保少儿背后的区域是安全的。

2. 练习重点

(1) *旋转投掷*

练习中，随机设置标志物位置或将旋转投距离逐渐加大。分别进行右转投和左转投的练习。在完成前进3步接旋转投结合练习，当最后一步左脚落地时（以右手投掷为例），要提醒少儿，此时投掷物应还保持在身体后方。练习时采用的投掷物重量不能超过1公斤。

(2) *后抛实心球*

在投掷的阶段，整个身体保持垂直。在投掷过程中，头保持在正常位置（眼睛正视前方）。

为了提高少儿向后投掷过程中的平衡力，可以让他们想象向后投掷时上方有一条支撑的腿，或是说在后面有一条支撑腿。器材重量最大 2 公斤。

三、5~6 年级少儿投的基本技能要求与教学练习重点

本年龄段的主要投掷项目为掷少年标枪和掷少年铁饼。

（一）基本技能要求

1. 掷少年标枪

练习这一项目旨在让少儿取得较高的投掷能力和投掷的精确性，提高爆发力。另外，让他们体会使用空气阻力较低的器材会提高投掷距离。

2. 掷少年铁饼

这一投掷项目也是为了让少儿获得较高的投掷能力及投掷准确性。要求少儿体会依靠合理的旋转和出手角度都能有效地提高投掷的成绩。

（二）教学练习重点

1. 教学重点

（1）掷少年标枪

少儿需在平地上进行投掷，投掷动作规范严格，投掷范围标注明确。另外，用作标枪的器材选择对于少儿来说必须足够安全（建议重量为 0.5 公斤）。

练习前应仔细检查少儿握持标枪的方法是否正确，这会较大地影响投掷的效果。提醒他们要将标枪保持在稳定的位置及投掷方向上。

（2）掷少年铁饼

投掷处的地面应该不会使少儿滑倒。投掷动作规范严格，投掷范围标注明确。用作投掷的器材选择对于参加练习的少儿来说必须足够安全。建议开始时重量不超过 1 公斤，在背向投掷时，铁饼重量不超过 2 公斤，且较容易握持。

握持（橡胶）饼的技术，特别是出手时手指拨饼的方向是一定要正确掌握的。这一技术可以运用滚饼的练习加以强化。在旋转技术教学中，应强调在旋转中掌握好身体平衡，将身体重心保持在支撑腿上。旋转过程中，铁饼要保持远离身体。可以让少儿在旋转时默数旋转过程中每步的落脚顺序（旋转 1 周为左右左）。可以将旋转的足迹画在地面上，并在投掷方向上提供一个垂直标志，以控制少儿的助跑和投掷的出手角度。

2. 练习重点

（1）掷少年标枪

为了提高助跑的速度，练习时应记录下助跑的时间。

要提高交叉步助跑的质量，反复进行练习，严格要求少儿在跑交叉步时保持直线。应准备不同重量的标枪，让少儿进行适应性练习，使他们按规定的投掷轨迹要求投出最远距离。这可以依靠延长助跑距离来完成。

（2）掷少年铁饼

注意肌肉力量在投掷过程中的重要性，要明确腿部力量对投掷项目的重要作用。为了保证肌肉有效地用力，投掷时要面向目标，投掷手与肩同高。练习所采用的助跑区域比正式掷铁饼项目的投掷圈要大，一般为 3 米×3 米的正方形。

练习初期不能过分强调投掷的远度，应该将旋转的节奏和出手的力量与角度的控制作为重点。严格要求出手后的身体姿势保持，控制好身体的平衡。可采用不同重量的铁饼进行练习。

进入初中阶段后，投掷项目的练习要注意以下几点：

第一，要保持力量练习与技术练习的平衡，快速力量对于少儿投掷来讲是非常重要的身体素质。对于那些腹部和腿部肌肉没有达到相应力量水平的少儿，可以安排一些过渡性的投掷动作进行练习。

第二，最初阶段的练习一定要在教师的指导下进行。

第三，练习时一定要注意安全，要对器械的飞行方向和路线、练习者是左手强势还是右手强势（要考虑练习的队形）、环境的潮湿程度等因素多加考虑。

第四，最后用力技术，特别是鞭打动作的练习要强化。

第五，练习中要强调动作速度。

第六节　少儿趣味田径运动课的综合设计范例

少儿趣味田径运动是一项系统的、科学的教育工程。在教学中改变了传统的田径教学方式，在项目的设计思路、练习方式、练习内容的安排上，均应根据少儿身心、生理及发育特点来制定。

一、少儿趣味田径运动课设计的依据

少儿趣味田径运动教学课设计是在我国小学、初中体育与健康课程目标及课程设置基础上，系统地分析教学问题与教学目标属性，以及教学内容的性质、少儿的年龄结构与身心特点，综合考虑各方面的条件和资源，依据国际田联少儿趣味田径教学理念，系统地制定的教学实施方案。其最终目的是追求少儿趣味田径教学的最优化与最大程度实现教学目标，它是一项应用性很强的教学技术。其依据包括以下几项内容：

第一，少儿趣味田径运动教学设计是一项系统性的教学技术。

第二，确定少儿趣味田径运动教学设计思路的主要依据是教学内容与少儿身心条件。

第三，少儿趣味田径运动教学设计是建立在学习技能理论基础上的。

第四，少儿趣味田径运动教学设计的最终目的是实现教学目标与教学效果的最优化。

二、少儿趣味田径运动教学课设计范例

根据少儿趣味田径运动的活动分组，按每个组跑、跳和投各一项设计了教学课范例如下，供大家参考。

（一）6~8岁（1~2年级）少儿趣味田径教学设计

1. 6~8岁少儿趣味田径跑的项目教学设计范例

格子跑。游戏：T形移动穿梭。

【目标】讲解、示范后，知道跑、步频的名称以及走和跑的区别。学习格子跑，加强支撑脚着地的准确性，初步掌握正确的奔跑姿势。通过跑的重复练习，发展灵敏、速度等素质，增强基本活动能力。通过T形移动穿梭游戏，活跃课堂气氛，激发学练兴趣，和谐人际关系。

【重点】培养兴趣、高频率、快速度。

【难点】合作学习，支撑脚着地的准确性。

【方法】竞赛法、合作学习、自主学习、讲解示范、情境教学、游戏法。

【学法指导】认真思考格子跑练习的目的、价值、特点；体验其趣味性；努力效仿，互相学习。

【教具】格子跑教具2~4个，跳绳20根，秒表1块，哨子1个，小标锥4~8个，录音机，录像带。

【基本部分实施过程】

第一，学习格子跑。

动作方法：格子跑运动，要求少儿在快速跑动中准确地支撑落地及做出高频率的支撑动作，目的是发展频率。

组织方法：格子间距约50厘米，总长9.5~10米。

步骤及学练方法：分4~8组，练习3~5次；按掌声、鼓点、节拍器的节奏练习5~10次；进行教学比赛，计时以判定名次。

练习要求：用前脚掌着地，提高摆臂和两腿交换的频率，并尽力按教师给出的信号节奏交换双腿的频率并与摆臂协调；团结协作，互帮互学，共享跑的乐趣。

【建议】格子的间距要符合少儿实际，变换节奏和频率；保持跑动速度，保障场地平整，不滑动。

【评价】是否了解并学会格子跑的技能；支撑脚能否准确地着地；能否和同伴一起练习、和谐相处。

第二，游戏：T形移动穿梭（见图4-3）。

游戏方法：两组练习者分别站在已设好的场地起点，听到哨音后，各队的第一名练习者从起点A快速起动跑向B点，用右手触摸标锥顶部后，向左侧滑步移动到标锥C，换用左手触摸标锥C顶部后，向右侧滑步移动到D点，用右手触碰标锥D的顶部，再侧向滑步返回标锥B，左手触摸标锥顶部，倒退回标锥A，通过标锥A时，击第二名同伴的手后，第二名续前人的动作，依次进行。当各队所有的练习者全部完成，游戏结束，先完成的队获胜。

游戏规则：练习者必须按照指定的路线跑进。如果在移动过程中两只脚没有侧向滑动，或者没有触及标锥的顶部，或者方向错误，那么该队出错的练习者就要在该队所有同伴都完成后，依次重新进行，直到正确，该队才能算完成游戏。

建议：组织比赛，可分3~4组同时进行，保障场地要平整而不滑。

2. 6~8岁少儿趣味田径跳的项目教学设计范例

十字跳。自主学习：花样踢毽。

【目标】学习体验十字跳的技术、技能；学会游戏方法。发展协调、弹跳、灵敏素质、反应能力、平衡能力、空间感及方向感，促进健康成长。通过学习，培养独立自强意识、关爱他人和坚强的意志品质。

【重点】培养兴趣，双脚同时起跳。

【难点】坚强的意志品质，体验双脚连续起跳的心理及体能的感受。

【方法】竞赛法、合作学习、自主学习、情境教学、启发式讲解、优秀的练习者示范、游戏法。

【学法指导】互相观摩效仿老师及同伴双脚同时用力起跳、柔和落地的技巧；开拓思维，分析研究如何才能在较长时间内连续双脚起跳，相互交流，取长补短，提高学习质量。

【教具】十字软垫4~8个，标志物2~4个，毽子40~50个，秒表1块，哨子1个。

【基本部分实施过程】

第一，学习十字跳。

动作方法：如图4-8，练习者从十字交叉跳垫的中心开始，面向不变，先跳到前方，再跳回中心；然后跳到后方，再跳回中心；再跳到右边，再跳回到中心；再跳到左边，然后跳回至中心，到此，这一轮结束，继续进行。练习时可计时、计数。少儿学会后，记取 15 秒时间内所跳的次数，多者为好。

组织方法：分 2~4 组，分别在 2~4 块十字软垫上进行练习；也可以在地面上画 50 厘米×50 厘米的十字方格，进行练习。

图 4-8　十字跳

步骤及学练方法：在讲解、示范之后，每人试跳 10 秒，体验十字跳的动作方法。

练习者在 2~4 块场地上依次练习。做计数、计时 15 秒等带有竞赛性练习，比谁跳得多，落地轻。给练习者一定时间做自主练习，教师巡视关注练习者的闪光点。

练习要求：跳时身体直立，摆动双臂帮助完成双脚起跳；相互观摩、交流，取长补短；关爱他人，意志坚强。

【建议】从实际出发，计时 15 秒，重视安全。

【评价】是否了解并学会十字跳的技能；能否按规则要求双脚准确地跳到每一个顺序格内；能否和同伴一起练习；学会和谐相处，互帮互学。

第二，自主学习：花样踢毽。

动作方法：可用脚内侧踢、脚外侧踢、脚背踢等。

组织方法：在规定的场地内，练习者分散站立，自主学习，人手一毽。

练习要求：重在参与，大胆尝试；在原有的基础上会什么练什么，不会的可自学；互相欣赏，互帮互学，有所收获。

3. 6~8岁少儿趣味田径投的项目教学设计范例

跪姿投掷实心球。综合性游戏：滚、跳、跑比赛。

【目标】观看示范后，学习、体验跪姿投掷实心球的动作方法，并能说出动作要领；学会游戏方法。发展腰、背、胸及上肢力量、协调等素质，增进健康，享受运动乐趣。培养关心团队、尊重他人、合作学习、热爱团队的集体主义精神。

【重点】培养兴趣，体验跪姿投掷的技能。

【难点】用腰、背、胸及手臂的力量将球投出，合作学习，尊重同伴。

【方法】竞赛法、合作学习、自主学习、情境教学、启发式讲解、学习别人的优点、教师示范、游戏法。

【学法指导】专心听讲，细想多练，掌握跪姿投掷方法；比较不同投掷姿势和方法的用力顺序；欣赏同伴，互学，取长补短。

【教具】少儿田径实心球或0.5公斤实心球8~10个，软式栏架9~12个、彩色米尺2条、数字标锥若干、彩色长垫或海绵垫2~4块、角杆4根。

【基本部分实施过程】

第一，学习跪姿投掷实心球。

动作方法：跪于垫上双手持球于头后，用臀、腰、背、肩及手臂的力量将球掷出。练习的目的是使少儿体验怎样通过臀、腰部和肩部的运动积聚力量投掷。

组织方法：分4~6组，单人依次在各自的场地上练习。

步骤及学练方法：做原地持球不出手的跪姿投掷模仿练习5次；集体练习5次；两人结伴，互相对投，互帮互练5次；组织投远教学比赛。

要求：练习时，注重少儿投掷技能的正确性、腰背用力和快速挥臂动作；统一口令投掷和拾球，加强安全教育；尊重小伙伴，特别是弱势群体。

计分标准：按照投远越过栏架的多少计分，越过第一个栏架计2分，第二个栏架计3分，第三个栏架计4分。

教学建议：教学比赛时，可采用多种形式进行评价，例如按远度计团体总分，也可用得分制来计分等。

【建议】投掷教学切勿过多地用分解练习，应尽量采用完整教法，以建立少儿完整连续的动作意识。可多用游戏或竞赛形式进行练习，提高学习兴趣。

【评价】是否了解、学会跪姿投掷实心球的动作技能；能否体验并学会通过臀、腰部和肩部的运动积聚力量进行投掷；能否关心他人、尊重他人、热爱团队、进行合作学习。

第二，综合性游戏：滚、跳、跑比赛。

游戏方法：根据场地的情况分成若干人数相等的偶数组，各组第一人先做垫上滚动后，跑向并跨过软式栏架，继续向前跑进至转折点平跑返回，跑过垫子后，每组第二人即可继续跑进，先跑完的队为胜。

游戏规则：滚动不分前后左右方向，可滚一次（也可规定2~3次）；过软式栏架落地时不分单、双脚；必须绕过转折标志返回，返回后不需要击掌，只要跑过长垫，第二人即可跑进。

组织方法：分成2~4组，分别在2个场地上进行。

要求：公平竞争，各尽其力，自主练习。引导少儿自己组织，在活动中自做决策，倡导创新意识和实践能力。

（二）9~10岁（3~4年级）少儿趣味田径教学设计

1. 9~10岁少儿趣味田径跑的项目教学设计范例

以短跑/跨栏对面接力跑和一级方程式为例。

（1）短跑/跨栏对面接力跑

【目标】快乐地参与短跑/跨栏对面接力跑，并进一步学会面对面传接棒方法。发展速度、灵敏、协调素质，使身心和谐、健康成长。通过学习，培养团结、协作的集体主义精神，学会欣赏同伴。

【重点】培养兴趣，用左手传接棒，速度配合。

【难点】团结协作精神，速度配合。

【方法】游戏法、合作学习、自主学习、启发式讲解、示范。

【学法指导】引导观察示范；切磋传接棒技术；开动脑筋，多想几个为什么。

【教具】接力软环4~8个，标志杆8~16个，哨子1个，秒表1块、小标锥8~16个。

【基本部分实施过程】

方法：每队用两条跑道，一条跑道上放置栏架，另一条做平跑用。每队第一棒做跨栏跑，第二棒队员接棒后做短跑。当各队都做完了跨栏、短跑后，一轮比赛结束。然后依此方法，继续游戏。比赛活动中要求队员面对面传接环时用左手传左手接。

规则：传棒后站于对方队尾，切勿站错位置。全体队员都必须用左手传接环；谁掉环谁拾环；不得抢跑；不得脚踏起跑线。

步骤及学练方法：组织少儿依次练习跨栏跑3~5次；依次练习短跑/跨栏接力跑30~40米2~3次；教学比赛2~3次。

教学比赛：要求3局2胜；奔跑积极，准确传接棒；生动、活泼、欢乐、愉快，学有所成，学有所获；团结协作，学会赞美、欣赏同伴。强调必须学会面对面传接棒技术，目的是开发大脑和避免游戏中产生冲撞。

【建议】强调接力跑的良好合作精神和体育道德风尚；教育少儿学会与同伴团结协作，在游戏活动中体验人际交往的重要性。

【评价】是否了解、学会面对面传接环的方法；能否体验并学会短跑/跨栏对面接力跑的技能；能否团结协作、合作学习；互相欣赏与评价。

（2）一级方程式

【目标】75%以上少儿能够掌握翻、绕、跨越障碍物的基本技能及整合游戏方法，在这组障碍物的游戏中发展灵敏、协调、团结协作的素质；通过游戏的学习，培养克服困难、遵守纪律，学会尊重他人和欣赏、赞美同伴的优秀品质。

【重点】培养兴趣、前滚翻和跨栏法及绕行曲线的能力。

【教学难点】团结协作的能力；整合本课游戏，最大限度地变换路线。

【方法】竞赛法、合作学习、启发式讲解、示范、游戏法。

【学法指导】学会通过单个障碍物和整合障碍接力跑的方法；体验由自己组织本课学习的乐趣，获得成功后的心理感受。

【教具】垫子 2~3 块，少儿栏架、角杆 6~9 副，软标志物若干，接力软环 2~3 个，哨子 1 个，秒表 1 块。

【基本部分实施过程】

第一，学习垫上前滚翻的方法。

动作方法：前滚翻至臀部过垂直部位后，低头、两腿蹬地，同时屈臂、提臀收腹、团身向前滚翻。前滚时，头的后部、肩、背、臀部依次着垫，当背着垫时迅速屈小腿。上体与膝部靠紧，两手抱小腿，向前滚动成蹲立。

组织方法：将少儿分成人数相等的 4 组，在垫上同时依次进行练习（图 4-9）。

图 4-9　前滚翻

第二，曲线绕杆跑（图 4-10）。

图 4-10

动作方法：逆时针、顺时针交替绕杆跑，绕杆时身体重心要倾斜。

第三，跨越障碍物。

动作方法：在跑动中，单脚起跨，起跨腿、摆动腿用左、右腿均可。跨越障碍物后，积极转入跑动，必须用 3 步的节奏快跑。

第四，游戏：组合障碍跑。

游戏方法：将少儿分成人数相等的 2~3 队，分别站在设有 2~3 个障碍物场地上的起跑线后，当听到哨音后开始游戏，最后以先通过且不犯规和时间最短的队为胜。

游戏规则：每位参加者必须在垫子上做一个前滚翻，在自己的分道绕杆，跨越障碍物时，不得双脚跳跃，必须单脚起跨。

步骤及学练方法：自主练习前滚翻、绕杆曲线跑、跨越障碍物的动作方法；分组练习通过障碍物的方法。

要求：气氛活跃，"乱"中有序；不得抢跑，不得碰倒障碍物，如碰倒，必须放好再向前跑进；过障碍要勇敢、果断、快速、安全地通过。

【建议】障碍跑的距离和障碍物的品种、数量可根据需要和可能适当调整；本课应组织严密，使之生动活泼，高潮起伏，寓教于乐。

【评价】是否了解、学会组合障碍跑的练习方法；能否体验并学会前滚翻、绕杆跑及正确跨越障碍物的动作技能；能否遵守课堂纪律、大胆尝试、团结协作、互相欣赏与评价。

2. 9~10岁少儿趣味田径跳的项目教学设计范例

限区域三级跳远。游戏：立定跳远接力赛。

【目标】勇敢尝试在限制区域内三级跳远的技术并能说出动作术语；学会游戏方法。发展弹跳、力量、协调等身体素质，促进身心和谐和健康成长。通过学习，培养克服困难、勇敢顽强的优良品质。

【重点】培养兴趣，助跑与起跳衔接好，起跳与跨步跳衔接好。

【难点】力争三跳衔接好，勇敢、顽强，克服困难的优良品质。

【方法】竞赛法、合作学习、自主学习、情境教学、启发式讲解、示范法、游戏法、评价法。

【学法指导】启发诱导少儿敢想、敢干，少儿同样可以学习三级跳远的技术。

【教具】小球10~20个，横杆2根，绳、皮筋2~4条，教学挂图或视频，软标志物12~16个，哨子1个，彩色米尺2条，栏板2~4个，数字标锥5~20各2套。

【基本部分实施过程】

第一，学习限区域三级跳远。

动作方法：用5米助跑起跳，第一跳为单足跳，第二跳为跨步跳，第三跳为跳跃。

组织方法：分成3组，分别在已布置好的场地上练习。

步骤及学练方法：分组练习5米助跑，踏进三角里、跨过长方形、踏上立方体各3~5次；在限制区域内练习三级跳远3~5次；限制区域三级跳远比赛。

要求：助跑速度快，落地柔和且有力；助跑与起跳相结合，上下肢协调配合，双脚同时落地；合作学习，重视安全。

【建议】场地平整，松软不滑；强调对起跳的跑跳结合；左右脚轮换做起跳脚。

【评价】是否了解、学会限制区域内三级跳远的方法；能否体验并学会三跳衔接的动作技能；是否勇敢顽强、敢于尝试与挑战，并能和小伙伴一起合作学习、相互评价。

第二，游戏：立定跳远接力赛。

游戏方法：将游戏者分成2~4组，分别站在已设好的场地，同时开始。比赛中，第一名游戏者的落点是第二名游戏者的起点，依次类推，直到各队所有成员全部跳完，将各队的成绩分别累积相加就是各队的成绩，然后根据成绩排名。

游戏规则：必须双脚起跳双脚落地。

要求：必须遵守游戏规则，服从指挥，积极尝试，合作学习，互相欣赏，努力做到最好。

建议：在教学训练中，可发挥少儿的能动性，做到既是参加者又是执裁管理者，培养少儿组织和管理的能力。

3. 9~10岁少儿趣味田径投的项目教学设计范例

旋转投掷。游戏：地滚软式接力环。

【目标】 欢迎少儿都来感受体验旋转投掷的动作方法，记住动作要领，学会游戏方法；发展上下肢、腰腹肌及肩带等部位的力量，提高投掷能力；通过学习培养安全意识和互教互学、遵守课堂纪律、团结友好的协作精神。

【重点】 培养兴趣，蹬地、转髋，向前上方投掷。

【教学难点】 安全意识、互帮互学、遵守纪律和最后用力动作。

【方法】 竞赛法、情境教学法、合作学习、自主学习、启发式示范、讲解、游戏法、安全法、评价法。

【学法指导】 请思考，为什么在少儿中学习旋转投掷动作？其目的何在？开展课堂讨论，学习和回顾上述问题。

【教具】 壶铃球（或其他投掷物，1公斤重）10~20个，球（网球、足球均可）8~16个，标杆8~12个，软式接力环8~10个，小标锥6~8个，哨子1个。

【基本部分实施过程】

第一，学习旋转投掷。

动作方法：侧对投掷区的中区站立，直臂从身体侧面投掷壶铃球（或相应的物体）到网上或足球门内（类似掷铁饼动作）。此练习的目的是感受旋转投动作，建立基本的掷铁饼动作技能。

组织方法：分成2~4组，分别利用2~4个场地进行练习，如无足球门，可用角杆设置投掷区域（图4-11）。

图4-11　旋转投掷

步骤及学练方法:手持 1 公斤壶铃球(以右手为例),侧对投掷方向,直臂向右前方摆动 5~10 次,感受上肢的旋转动作;在已布置的场地内练习旋转投掷 5~10 次;做教学比赛每人投 3~5 次。

要求:侧对投掷方向,注视目标;将投掷物控制在身体外侧进行投掷;互助互学,安全第一;依次练习,严格遵守课堂纪律。

【建议】投掷距离视少儿实际情况可长可短;可变换投掷物,也可背对投掷方向加大旋转幅度;左右手都应练习。

【评价】是否了解、学会旋转投掷的动作技能;能否体验并学会蹬地、转髋、向前上方投掷的动作技能;能否注意安全、团结协作、互相欣赏与评价。

第二,游戏:地滚软式接力环(图 4-12)。

图 4-12 地滚软式接力环

游戏方法:各队第一个人持接力环,听到哨声后,迅速将接力环放在地上并滚环向前跑,绕过小红旗返回,将接力环停在起跑线前,第二人继续滚环跑,依次进行,先滚完的队为胜。

游戏规则:必须滚环跑动,绕过小红旗后返回原队排尾;若环滚至外面须捡回在滚出的地方继续滚环跑。

（三）11～12岁（5～6年级）少儿趣味田径教学设计

1. 11～12岁少儿趣味田径跑的项目教学设计范例

游戏。组合障碍跑：短跑/跨栏接力。

【目标】75%以上少儿能够掌握弯道跑、跨越障碍物及上挑式交接棒的基本技能及整合游戏方法，在一组障碍物的游戏中发展灵敏、协调、团结协作及呼吸系统的能力；通过游戏的学习，培养克服困难，遵守纪律，学会尊重他人，欣赏、赞美同伴的优秀品质。

【重点】培养兴趣、交接棒、跨栏法及曲线绕行。

【教学难点】团结协作的能力，整合本课游戏，最大限度地帮助少儿能够听信号进行交接棒。

【方法】竞赛法、合作学习、启发式讲解、示范、游戏法。

【学法指导】学会通过单个障碍物和整合障碍接力跑的方法；体验由自己组织本课学习的乐趣，获得成功后的心理感受。

【教具】少儿软式栏架4~6个、角杆6~8个，软标志物6~8个，接力软环8~10个，哨子1个，秒表1块。

【基本部分实施过程】

第一，学习原地"上挑式"交接棒的方法。

动作与组织方法：练习者前后错肩站立，两脚前后开立，后排练习者右手持接力环或棒，发出接的信号后，后排练习者右臂前伸，用上挑式递环或棒，同时前排练习者将左手臂向后伸出，拇指张开，虎口朝下接环（棒），然后练习者都向后转，转换交接角色，做同样的练习。

练习要求：养成听信号进行交接棒的习惯，动作正确，力求规范。

第二，学习慢跑行进间交接环或棒。

动作方法：绕场地慢跑中进行交接棒或环的练习，传棒人交棒后迅速跑到接棒人前方，两人互换角色进行练习。

练习要求：控制好交接棒或环的时机，距离控制在1.5~2米。团结协作，默契配合。

第三，接力区内交接棒或环。

动作方法：在跑动中，听信号交接棒或环。接棒人当传棒人跑至自己设在接力区内的起动点后迅速起动，听到信号后立即向后伸出手臂接棒。

练习要求：必须做到在接力区内交接棒或环，以免犯规；要养成听信号交接棒或环的习惯，默契配合，认真尝试体验。

第四，短跑/跨栏接力赛。

游戏方法：将少儿分成人数相等的2~3队，分别站在起跑线后，听到哨音开始游戏，最后以先通过、未犯规而且时间最短的队为胜。

游戏规则：每位参加者必须跑至角杆处，绕过角杆后继续向前奔跑跨越完栏架，交接棒或环时必须在接力区内进行。

步骤及学练方法：在教师带领下练习原地交接棒或环、慢跑中进行交接棒或环、接力区内进行交接棒或环的动作方法；分组练习在接力区内进行交接棒或环的方法。

游戏：短跑/跨栏跑接力。

要求：气氛活跃，"乱"中有序；不得抢跑，不得碰倒障碍物，如碰倒，则必须放好后再向前跑进；快速、安全地通过障碍物；顺利完成交接棒或环；发扬勇敢、果断、顽强拼搏的进取精神。

【建议】接力区的距离可酌情调整。

【评价】是否了解、学会上挑式传接棒或环的方法和短跑/跨栏跑练习方法；是否学会上挑式接棒或环、绕杆跑及正确跨越障碍物的动作技能；是否遵守课堂纪律、大胆尝试、团结协作、互相欣赏与评价。

2. 11~12岁少儿趣味田径跳的项目教学设计范例

撑竿跳远、游戏（移动目标回旋跑）。

【目标】积极参与学习，全班约75%以上的少儿学会撑竿跳远的基本技能，学会游戏方法；发展全身力量、协调等素质，发扬合作学习的精神，增强合作学习的能力；通过学习，培养少儿大胆体验撑竿跳远的技术。

【重点】培养兴趣，掌握助跑与起跳相结合技术。

【难点】助跑与起跳紧密结合。

【方法】示范少儿趣味田径撑竿跳远技术或展示教学卡片。

【学法指导】观看少儿趣味田径撑竿跳远视频或卡片，锁定技术概念。

【教具】教学卡片，2米长的撑竿10~20根，数字得分垫2~3套，沙坑或草地，小标锥6~8个。

【基本部分实施过程】

第一，学习撑竿跳远。

动作方法：少儿从离插斗5米远处朝向前面的垫子持竿助跑，单腿起跳（右手选手用左腿起跳），双手握竿且按右手在左手上方的方式持竿，然后将撑竿向下插入插斗里面，并用力蹬地，摆动双腿越过撑竿，用骑动撑竿的方式带动练习者向前，落入垫上或沙坑内。

组织方法：分2~4组，分别在两个沙坑或四条跑道上进行练习；插斗用软垫代替，前面或沙坑内放置①~⑤5个得分数字软垫。

步骤及学练方法：握竿、持竿练习 3~5 次；持竿助跑 5~10 米×5~10 次；持竿上一步起跳悬垂 5~10 次；在同伴的帮助下，体会起跳时胸部向前和下手用力的感觉 3~5 次；用 5 米的助跑距离撑竿跳远 10 次。

教学比赛：如图 4-13 所示，看谁能跳到④⑤的软垫上。

图 4-13

要求：握竿要紧，左右手虎口相对；起跳脚用力蹬地，摆动腿高抬，尽力落在较远的软垫上。

【建议】多采用比赛的形式，提高少儿参与的兴趣；不追求技术细节，建立撑竿跳远的轮廓即可。

【评价】是否了解学会撑竿跳远的技能；能否体验并学会助跑与起跳相结合的动作技能；能否大胆体验、敢于尝试并学会互相欣赏与评价。

第二，游戏：移动目标回旋跑。

游戏方法：分成 2~4 组，在已设好的场地上同时进行（如图 4-14），当听到哨音时，各队第一名游戏者迅速起动，按照标好的标锥路线做回旋跑，当各队每名游戏者全部进行完毕，游戏结束。

游戏规则：进行回旋跑动时，必须按照指定的路线进行，跑动中尽量避免触及标锥，如出现错误或碰到标锥，该游戏者需等待本队所有游戏者做完，再重新进行，直到路线正确比赛才结束。

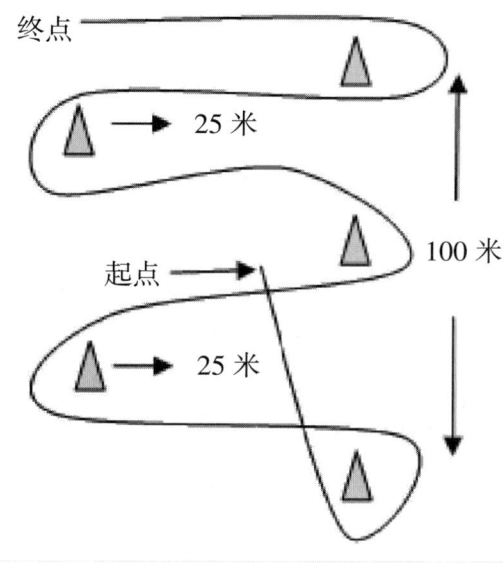

图 4-14 移动目标回旋跑

【建议】布置场地时可用胶带粘住障碍物，以免撞翻，回旋跑的路线最好用胶带纸或粉笔以箭头形式标出。

3. 11~12 岁少儿趣味田径投的教学项目设计范例

推、抛、掷实心球。

【目标】学会推、抛、掷实心球的技术，并能初步掌握讲解动作的要领和术语；发展力量素质，体验参加投掷运动的心理感受，学会科学锻炼，养成锻炼习惯；通过学习，使少儿获得现代体育与健康的基础知识、基本练习方法，铸造与时俱进的社会人才。

【重点】培养兴趣，用全身力量推、抛球。

【难点】养成锻炼的习惯，用全身力量推、抛球。

【方法】竞赛法、合作学习、情境教学、启发式讲解、示范、游戏法。

【学法指导】观察教师示范，重点观察用力的部位和顺序；积极参与，体会最后用力时投掷运动的关键技术。

【教具】少儿趣味田径空心球或实心球 10~20 个（0.5~1 公斤），挂图或视频设备，垫子 4 副，彩色米尺 2~4 条，数字标锥若干，小标锥 4 个，哨子 1 个。

【基本部分实施过程】学习单双手推、抛、掷实心球

第一，原地双手向前掷实心球。

动作方法：两脚前后开立，两臂屈肘，两手持球于头上；上体稍后仰，然后两腿用力蹬地，收腹和甩臂，将球从头后向前方抛出。

第二，学习双手自抛、自接和向后抛实心球。

动作方法：两脚左右开立，半蹲，将球置于膝下、腹前或胯下，然后双脚用力蹬

地，两手将球向前上方或向后方抛出。

第三，单手抛实心球。

动作方法：面对投掷方向站立，右手持球，右脚向后撤，向右后转体，使上身形成侧位扭转的弹簧，然后蹬地、转髋，同时右手臂将球朝前上方抛出。

组织方法：分成 2~4 组进行练习。

步骤及学练方法：分组体验双手向前掷实心球 3~5 次；双手向上自抛、自接和向前上方推实心球 3~5 次；单手抛实心球 3~5 次；跪姿投掷；教学比赛。

教学要求：单手推实心球时，强调推、抛、掷的适宜角度；双手向前抛实心球时，强调全身协调用力；蹬、转、推要连贯；遵守纪律，注意安全。

【建议】投掷教学中，要精心设计投掷的组织形式，关注投掷纪律，既要教会少儿投掷方法，又要达到健身强体的目的，更要育心育人。

【评价】是否了解、学会用全身力量进行推、抛、掷实心球的技能；能否体验并说出动作要领和术语；能否遵守纪律、注意安全，并理解团队协作的重要性，互相欣赏与评价。

(本章执笔者　孙海兰　龙跃玉)

第五章　少儿趣味田径运动竞赛组织与场地器材

为了在全世界推广和普及少儿趣味田径运动，国际田联已经做了成功尝试，并取得了良好的效果。普及和推广少儿趣味田径运动，除了上述各章介绍的内容外，还涉及竞赛的设计与组织、成绩的测量与评分、裁判方法，以及器材与场地，下面分节做介绍。

第一节　少儿趣味田径运动竞赛设计

目前，少儿体育比赛往往采用成人比赛的项目和规则，而成人比赛规则大多不适应少儿比赛需求，往往会导致竞赛过于专业化，而过早专业化比赛活动对大多数少儿是不利的。大量调查研究发现，对于少儿，我们应该重新阐释田径运动的概念，使其内容更适应少儿参与和发展。

一、少儿趣味田径竞赛项目特点

少儿天生就对彼此间的竞争和比赛具有很高的兴趣。田径运动比赛项目多，为同龄人之间的竞争和比赛提供了更多机会。设计出适合少儿运动比赛项目，对广大少儿参与体育运动具有积极意义。

设计少儿比赛项目要考虑兴趣性、易参与和教育性特点：兴趣性主要是指运动形式要使少儿喜欢；易参与是指运动项目的难度要小，安全性要高；教育性主要是通过参与运动要使少儿在德育、文化和世界观等方面受到教育。

二、少儿趣味田径竞赛设计目标

为了促进田径运动在全世界的普及，早在 2001 年国际田联就确定了要针对少儿的特点确定少儿田径运动的形式，从此少儿田径运动与成人的田径运动形式具有了明显的差异。到 2005 年，国际田联为 7~15 岁青少年制定了国际田径运动发展的政策和方针，这项政策有两个目标：一是在世界范围内使田径运动成为学校里参加人数最多的单项运动；二是使来自世界各地的少儿能以最有效的方式为自己的将来从事田径运动做准备。

少儿趣味田径竞赛项目的设计理念就是力图把激情和娱乐融入田径运动之中。比赛项目的组织活动能使少儿可以在任何地方（体育场、操场、健身房以及任何可能的运动场等地）参与一些基础短跑、耐力跑、跳跃、投掷等活动。通过运动实践的方式使少儿在健康、教育、自我成就方面受益。

国际田联针对少儿设计的项目和竞赛目标是：可以使很多少儿能同时积极参与；积极参与形式多样的和最基础的田径运动；使田径运动不局限于强壮或速度快的少儿；运动技能要与少儿的年龄和协调能力因素相一致；具有一定的惊险性；项目结构和评分简单易行；比赛只要较少的裁判人员就能完成；能够使男、女混合组成团队参加比赛。

三、少儿趣味田径竞赛项目设计原则

为设计和推广少儿田径，国际田联已经做了成功的尝试，在世界各地取得了良好的效果，因此，我们在设计少儿趣味田径竞赛项目时应体现以下几方面的原则。

（一）健康性原则

所有运动项目的目标都要促进少儿健康成长，鼓励他们积极投入活动之中。田径运动是唯一能够通过改变活动性质和活动特征来满足这种挑战的运动项目，不断改变少儿比赛的形式会促进少年一代的健康发展。

（二）集体参与原则

少儿田径运动是在集体背景下培养少儿团队精神的活动，它要求团队中每个人都要积极参与活动，同时，也允许少儿间个体差异的存在，并引导少儿正确对待这种差异且能相互鼓励。少儿田径运动规则简单容易操作，动作自然利于少儿参与，并有利于少儿在活动中学习组织能力与领导能力。

（三）激励性原则

项目和比赛形式设计要激励和增强少儿在比赛中取胜的动力和动机。项目要有适当的冒险性，比赛要有不可预知性，使得比赛活动不到最后一刻都难以预测结果。这样就为少儿积极参加活动提供了动力。

四、少儿趣味田径竞赛分组

根据国际田联推广少儿田径运动精神，少儿趣味田径运动竞赛分组应遵循集体性原则。比赛团队中每个人的表现都对比赛成绩产生影响，如接力项目或个人项目的表现对团体成绩都有影响。个人表现对集体成绩有影响，这有利于增强少儿积极参与的意愿，每个少儿都觉得自己是团队中重要的成员。每个少儿都参加所有的活动项目，避免早期专项化。

我国学制是小学 6 年，因此少儿田径比赛组别可分为 3 个年级组，即：

第一组，一、二年级少儿；

第二组，三、四年级少儿；

第三组，五、六年级少儿。

这 3 个组的活动项目都是以集体项目为主，每个队都是男女混合（最好是 5 男 5 女或 4 男 4 女或 3 男 3 女）。

另外，初中阶段仍然可以参加少儿趣味田径比赛。这时，比赛项目以接力项目或个人项目为主，每个队都有两个组参加每个项目。比赛的集体项目和个人项目设置，需要两个队多名成员参加，这样所有的少儿都能在每个项目组中参加多次比赛。

第二节　少儿趣味田径竞赛的组织

一场成功的少儿趣味田径比赛要考虑许多因素，比如场地、器材、比赛流程、裁判员，以及如何进行组织和控制时间等等，所有的因素都要有利于在比赛中鼓励少儿参与，尽量使他们以愉快的心情完成竞赛。

一、组织流程

在组织少儿趣味田径比赛时，应考虑以下流程：

第一，布置场地器材。根据比赛项目，由一个人负责组织比赛器材的安装和拆卸。比赛中可设场地器材组专门负责此项工作。所有比赛设备都要及时地摆放在比赛地点。

第二，合理设计安排各单项比赛场地。根据轮换顺序和场地情况，设计好各个项目使用比赛场地的顺序，并注意优先考虑赛跑项目的比赛位置。

第三，设计比赛组织流程计划图。事先设计好项目比赛和轮换顺序，按流程图协调比赛项目。

第四，裁判员到位。热烈欢迎已到场的少儿，然后再简短地介绍赛场管理和比赛要求。

第五，组织准备活动。比赛开始前，裁判员要组织约 10 分钟的热身活动，最好有背景音乐。

第六，各队进入比赛场地。赛前，各参赛队伍预先登记，以确保登记队伍的数目与当前比赛的项目数量匹配。队伍到场后，将队名卡片交给助理裁判做评分使用。按比赛轮换计划各比赛队到不同项目站,裁判员组织比赛。

二、裁判员的设置

少儿趣味田径比赛可以与成年人田径比赛程序大体相同,通过裁判员和助理工作人员来保证比赛按一定规则和规程进行。

与成人比赛不同的是,比赛除裁判员外,还设有助理工作人员,他们的职责除了具有裁判员的角色,还必须对少儿提供支持,在比赛中鼓励少儿,尽量保持他们的愉快心情。

裁判组和助理工作人员的组成:

第一,裁判员是比赛的组织者。担当监督检查的职能,并且宣布各个比赛项目的轮换。

第二,记分牌主裁判。担当竞赛秘书的职责。在比赛中负责和控制所有表格,布置助手工作和成绩发布。

第三,比赛设发令员1人,计时员2人。负责短跑和耐力跑项目的起跑和计时工作,也可以参与比赛布置和收尾工作。

第四,检查裁判。比赛可设检查裁判1~2人,负责监督比赛犯规、维持秩序和安全。

表5-1是一、二年级组9个队参加趣味田径比赛的工作人员组成情况。

表5-1　9个参赛队时工作人员的组成

职责/项目	每个站人数	总人数
协调员	1	1
每个队的助手	1	9
宣告员	1	1
记分牌助手	1	1
计时员	2	2
发令员	1	1
第一个投类项目	3	3
第二个投类项目	3	3
第三个投类项目	3	3
第一个跳类项目	3	3
第二个跳类项目	3	3
第三个跳类项目	3	3
耐力赛跑	部分裁判员兼任	

在实际比赛过程中,裁判员可以担任多种职责。少儿或其家长可以作为陪同者,这也是少儿比赛的特点之一。

组织少儿趣味田径比赛，参赛队的识别非常重要。在组织比赛时，可以通过不同颜色的运动衫（号码布）或给队长带袖标等方式区分各个队的队员，也便于比赛的组织者区分。

另外，赛场的边界要清晰标出，每一个比赛项目的地点也应该清楚地划分（采用块状物、塑料瓶等）。必须采取适宜的措施，保证比赛的质量和人员的安全。

在比赛中，各参赛队按照轮次组织项目，以便于各队依次参加每一个项目。在每一项目中，各队的队员都要有1分钟比赛时间，如果是10个少儿一队，则需要10分钟结束比赛进行轮换。在完成不同的项目组（短跑、跨栏、投掷和跳跃项目）后，所有参赛队都要参加耐力项目。

三、结果发布

少儿趣味田径比赛与成人比赛的相同处还表现在颁奖环节。少儿趣味田径比赛的颁奖仪式也是比赛的一部分，且在比赛刚结束，宣告成绩后马上进行，即在最后一项比赛结束后两分钟之内完成，从而体现少儿趣味田径的激励性，使鼓励教育贯彻始终。要使每个少儿在离开赛场时都知道总成绩，以及他们个人的努力是怎样对这个总成绩做出贡献的。

每个参赛的少儿都要得到一个证书作为奖励。比赛结果的正式发布，是对少儿的鼓励，也是对所有为比赛提供帮助的人员表达正式和公开的感谢。

四、竞赛表格

组织少儿田径比赛，要事先准备好各种比赛记录表。为了便于比赛的顺利进行，需要制作以下表格备用。

（一）跑类项目表格

短跑和耐力项目比赛用表，如表5-2所示。

表5-2 所有年龄组的跑类项目表

队/颜色：　　　　　　　组别：

序号	队名	短跑/跨栏跑	短跑/绕障碍跑	一级方程式

此表 5-2 可以登记 4 个队，在队名栏目下记录队的人数，并填好比赛的道次。

要注意各个队的号码布采用不同的颜色，以便于区分。把每个队的颜色记录在项目表格上，并且在记分牌上标出。

跑类项目也按序号在项目表格上列出。

对于耐力赛跑，每个队的颜色应该清晰地标出。

比赛项目一结束，每个队的成绩应立即清楚地呈现在记分牌上。

（二）田赛项目表格

跳类和投类项目如表 5-3 所示。

表 5-3　跳类和投类项目

队/颜色：　　　　　　　　　　　组别：

	姓名	第一次	第二次	最好成绩
1				
2				
3				
4				
5				
6				
7				
8				
9				
10				
	全队总成绩：			

跳和投类两个项目组的表格相同，所有的成绩都在项目表格上记录下来，明确各个队的颜色和参加的项目。选出最好成绩和各个队的得分（个人成绩之和）一起记录在表格上。

表 5-3 内的"组别"指参赛各队的年龄组。如果有多个年龄组参赛，则要分别标出。表格内要清楚写出队员的"姓名"，以便鼓励和发布成绩。

"第一次"和"第二次"栏目，是指跳或投的轮次，两次跳或投的间隔不要太短。"最好成绩"记录在最后一栏内。最后，在"全队总成绩"栏目内记录各队的最好成绩总和。

（三）记分牌

在组织少儿趣味田径比赛时，和正式田径比赛一样，需要一个记分牌。记分牌设置在项目比赛场地的中央,以便所有的人随时都能够看到。记分牌是吸引少儿注意的一个重要因素。记分牌的数字要清楚明确,便于在所有比赛结束时快速得出各队的最终成绩。

五、器材配置

在组织少儿趣味田径比赛时,所用器材清单事先都要用表格形式列出计划。

下面是国际田联发布的少儿趣味田径比赛项目的场地器材组织方案,是9个参赛队的器材配置(表5-4),可以作为组织少儿趣味田径比赛的参考。

表5-4 器材设备清单(9个队)

项目	器材设备
跑类项目	
短跑/跨栏对面接力	3块秒表,12个栏架,6根杆(角杆),3根接力棒/软圈
短跑/跨栏跑接力	3块秒表,6个旗杆,6个锥状物,6个栏架,1个长卷尺
短跑/越障碍/跨栏跑对面接力	12根绕障碍跑杆(附加短跑/跨栏跑需要的器材)
短跑接力	3块秒表,6个旗杆,6个锥状物
一级方程式	9个栏架,12根绕障碍跑杆,3块垫子,3块秒表,大约30个标志物和锥状物,3根接力棒/软圈
8分钟耐力跑	9根杆(角杆),每个人20张卡片,1块秒表
1000米耐力跑	10个锥状物,2个旗杆,2块秒表,项目卡片若干,1个长卷尺
速度渐进耐力跑	10个锥状物,2个旗杆,1张速度表,1块秒表,1个长卷尺
跳类项目	
撑竿跳远	2个锥状物,6块橡胶垫,1个卷尺,1个锥状物标出开始线
沙坑撑竿跳远	1个可跃过的障碍物(约1米高),1个沙坑及撑竿飞跃所需器材
跳绳	1根跳绳,1块秒表
立定跳远接力	1个卷尺(30米),1支记号笔,1个标志物/锥状物和1个块状物
十字跳	1个交叉跳跃垫,1块秒表

续表 5-4

格子跑	1 个绳梯，1 块秒表，2 个锥状物
短距离助跑三级跳远	1 个卷尺，2 个锥状物，1 张项目卡片
短距离助跑跳远	1 个卷尺，1 个沙坑，2 个锥状物，1 张项目卡片
精确跳远	8 个锥状物，3 个圆圈
投类项目	
障碍掷准	2 根杆（足球门），1 根横杆或绳子（2.5 米长），2 个小球
少儿掷标枪	2 只软标枪，1 个卷尺（30 米），每米 1 个锥状物
少年掷标枪	8 个锥状物，1 个卷尺（30 米），2 支少年标枪
后抛实心球	2 个实心球（1 公斤），1 个卷尺（20 米），2 个块状物
旋转投掷	2 个投掷球，2 根立柱/杆（足球门），标志物若干，每米 1 个锥状物
少年掷铁饼	2 个投掷圆盘，8 个锥状物，1 个卷尺（30 米）

注：所有"站"必须用数字标出每个比赛项目的顺序，如果是低年龄组，可以每个队有一名裁判员，提供项目卡片和比赛各站的项目计划。

六、场地布局

场地布局如图 5-1 所示。

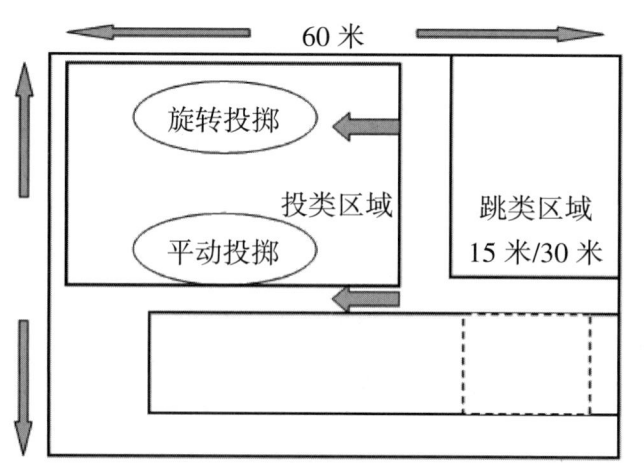

图 5-1　项目比赛区域的布局

在组织少儿趣味田径比赛时，应事先设计好项目布局，考虑项目影响因素，保证比赛安全，同时方便各参赛队轮换。应使用旗子和杆子标出跳类、投类和跑类项目比赛区域，图 5-1 的场地布局可供参考。

七、确保安全

组织少儿趣味田径比赛应遵循安全第一的原则。
组织少儿趣味田径比赛，一般需注意以下事项：
第一，采取安全保护设施。
第二，不采用危险的器械（投掷物和竿等）。
第三，选用有经验的裁判员。
第四，严格遵守组织程序。
举办少儿趣味田径比赛时，在场地器材方面应注意表 5-5 列举的安全规则。

表 5-5　场地器材安全隐患

项目	安全规则
短跑/接力	地面不光滑，安全的接力棒/软环和标志物
跨栏跑/接力	地面不光滑，安全的接力棒/软环和标志物，可以越过的栏架
一级方程式	软垫，安全的标志物和栏架，地面不光滑
跨栏跑	地面不光滑，可以越过的栏架，终点线周围区域整洁
8 分钟跑、1000 米跑、速度渐进耐力跑	安全的跑道，儿童必须得到照顾
沙坑跳类项目	翻松沙坑，短助跑，沙中无危险物体
跳类项目	短距离助跑，掌握三级跳远技术，软地面、不光滑
撑竿跳跃	撑竿至少 2.5 米长，落地处松软
掷标枪	安全、适宜的标枪，对小组的组织提出适宜的建议
旋转投掷	安全、适宜的投掷物，对小组的组织提出适宜的建议
后抛实心球	球的重量适宜，向后抛掷处的场地整洁（防止身体失去平衡时受伤）

第三节　少儿趣味田径比赛成绩的测量与评分

国际田联对推广的少儿趣味田径比赛项目的得分进行了规范，组织这种比赛时可以参照执行。其中包括最终排名、各个单项积分、跑类项目的计时与积分、田赛项目的测量与积分。具体规定如下。

一、少儿趣味田径计分方法

少儿趣味田径比赛得分系统简便,并不需要任何计算机辅助或任何特殊的田径规则知识。如果比赛有 9 个队,计算得分只需要 1 人管理得分牌即可。最后一项比赛结束后的 2 分钟内,完全能统计出最后结果,无须任何得分表。总的来说,得分系统根据以下原则进行:

第一,每个项目每个队的最终成绩是全队成绩之和,所有的队按最终成绩计算得分并排列名次。如果是 9 个运动队参赛,则第一名的队得 9 分,第二名的队得 8 分,第三名的队得 7 分,依次类推,最后一队得 1 分。

第二,各项目比赛一结束,总成绩即可转换成得分并记录在得分牌上。

第三,两队或多队成绩相等时,如第二、三名成绩相等,则将两队应得分数 8+7=15 平均,两队实得分数都是 7.5 分,并列第二名,无第三名,得 6 分者为第四名。

第四,在全部项目比赛结束后得分最高的队为获胜队。

二、跑类项目评分

跑类项目根据计时成绩评分。
13~15 岁年龄组的个人项目,所记录的个人成绩的总和为该队总成绩,即团体成绩。

三、田赛项目评分

在跳类和投掷类项目中,每名队员应参加并完成所有跳和投的比赛。每个项目比赛结束,各队每名队员的最好成绩的总和为本队总成绩,在项目卡中记录并评分。

四、田赛项目测量

在少儿趣味田径比赛中,测量程序(直接通过铺在地上的测量尺读出)适用于所有年龄组。投掷距离应从投掷线起到投掷物(小球、标枪等)着地那点的 90°(直角)来测量。当投掷物超出测量区间着地时,以最大数据记入选手成绩。

五、最终排名

使用记分板可以迅速登记成绩并计算整体得分。
记分板可以使用任何材料,记录显示所有队每个项目的成绩,比赛一结束,各队该项目的成绩卡片立刻由助理裁判收集起来，计算出各队的总分，再交给记分助理裁判，进行各队总分登记。

当所有队伍都完成比赛并且各自成绩都计入记分板后，该项目的排名也就确定了。之后，成绩会以醒目清晰的方式显示出来。

比赛完成后，得分最高队获胜。清楚的表格和计算结果对每个人都公开，这是评分的一部分。通过全程观看记分板上的当前排位和排位变化，可以保证参赛队员的兴奋和热情。

第四节　少儿趣味田径竞赛裁判方法

少儿趣味田径项目的裁判方法，与成人项目裁判方法大体相同，但因少儿趣味田径比赛形式又不同于成人，故在操作方法上相对比较简单。

一、跑类项目裁判方法

跑类比赛项目包括快速跑、耐力跑、绕杆跑、跑跨结合、速度接力等多种形式。具体项目及裁判方法如下：

（一）短跑/跨栏跑对面接力

1. 比赛规则

比赛中每队要有两条跑道，一条跑道上摆放栏架，另一条跑道不摆放栏架，用于短跑。每队的第一棒是跨栏跑，第二棒队员接力后做短跑。当各队的队员都分别完成了跨栏跑与短跑后，比赛结束。比赛中要求队员用左手传棒接力，组织及器材摆放如图5-2所示。

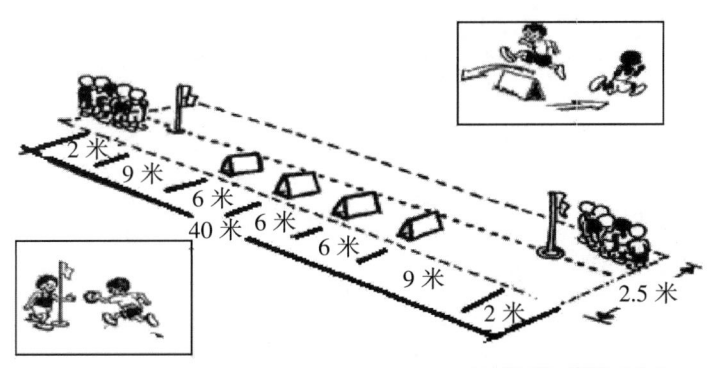

图5-2　短跑/跨栏跑对面接力

2. 裁判方法

（1）比赛中，跨栏跑时每出现一次从栏侧绕过或踹倒栏架要在总成绩上增加 0.01 秒。

（2）根据时间评定名次：时间最短的队为冠军，后面名次以此类推。

3. 裁判员设置

（1）此项目设 1 名裁判员，主要职责是讲解规则、发令、计时并记录成绩。

（2）3~4 名志愿者，主要负责比赛中的场地器械和安全工作。

（二）短跑／越障碍／绕杆对面接力

1. 比赛规则

比赛时每个参赛队需要两条跑道，一条跑道有障碍物（栏架和绕杆），另一条跑道则没有障碍物，共计跑 40 米，起点小旗至对面起点小旗每间隔 10 米摆放一个绕杆，一共摆放 3 支绕杆，每两个绕杆中间摆放一个纵向栏架。参赛者采用短跑和绕杆跑结合跨过障碍的方式进行接力比赛。第一个队员先跑完有障碍物的一条赛道，然后下一个队员接着冲刺跑过没有障碍物的赛道。每名参赛者完成了一条跑道后，他就要将软环（或接力棒）面对面地传递给在另一跑道上等候的另一队友。依次循环接力，直至所有队员均跑完两条道并且将软环套在标志杆上，比赛结束。组织及器材摆放如图 5-3 所示。每组一共进行两次比赛，将两次比赛成绩相加为最终成绩。

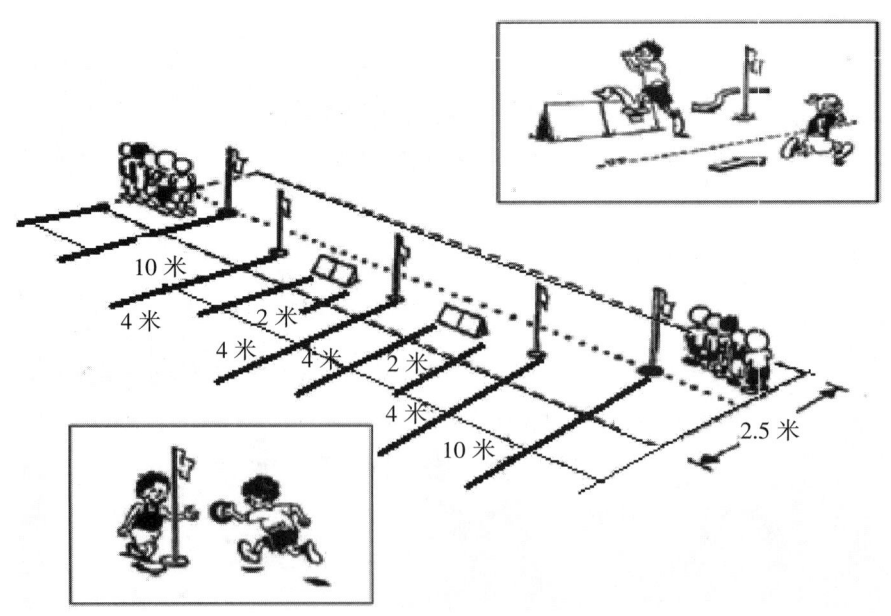

图 5-3 短跑／越障碍／绕杆对面接力

2. 裁判方法

裁判员排定名次是以用时长短决定，用时少者居前。

3.裁判员职责

本项比赛需要给每个参赛队配备 1 名裁判员，其职责是计时、计算成绩，并且将分数记录于记分卡上。

本项比赛需要两名裁判员和至少 4 名志愿者；一名裁判员在起点（终点）发令、计时、计算成绩；另一名裁判员在折返点调节控制赛事的进程。4 名志愿者分别站在跑道两侧负责跑道上的器材摆放和维持秩序。

（三）跨栏跑

1. 比赛规则

全程 40 米，放置 4 个栏架，栏间间隔为 6.5 米。起跑线至第一栏为 10 米，最后一栏到终点线的距离为 10.5 米。每名参加者在起跑线后做好准备，听到裁判员发令后，快速连跑带跨地跑过全程。队员逐个跑跨并分别计时。每次可安排两支队伍同时在两条平行的跑道上跑进，组织及器材摆放如图 5-4 所示。

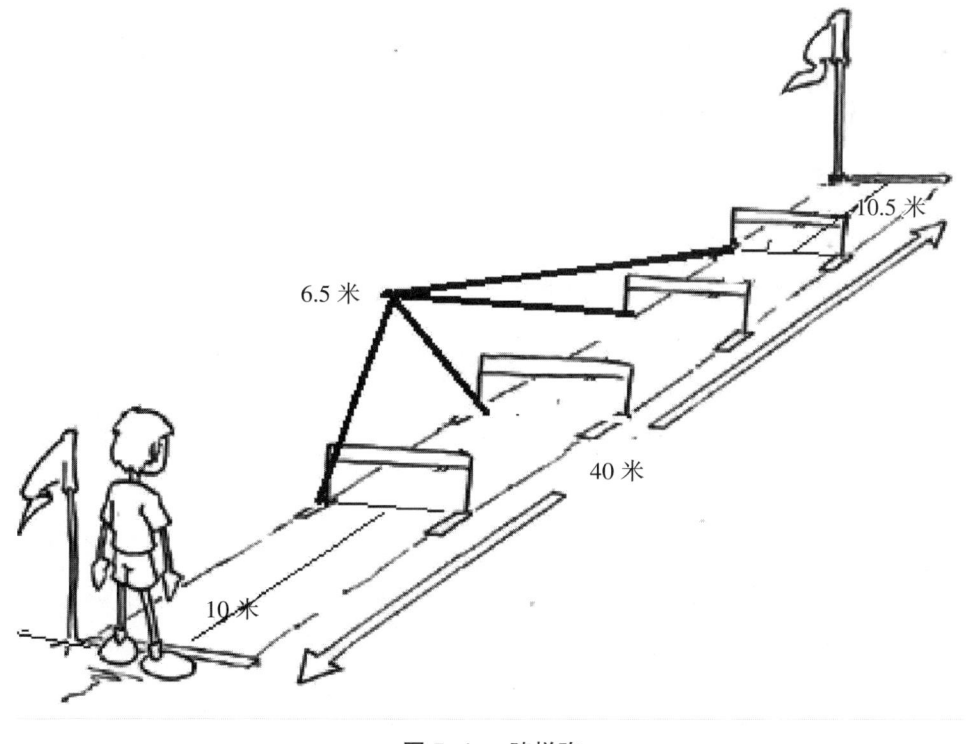

图 5-4　跨栏跑

2. 裁判方法

用时少者名次列前,并给予相应的积分。

3. 裁判员职责

本项目应为每条跑道设置 1 名经验丰富的计时员,逐个计取参与者的成绩并累计相加,同时兼任发令员。比赛结束后应在项目卡上填写成绩。

(四) 8 分钟耐力跑

1. 比赛规则

每名队员都要从确定的起点起跑,围绕周长 150 米的路线跑 8 分钟。所有参赛队同时起跑。

各队的每位队员起跑时拿着一张卡片(小球、纸、软木或类似的东西),每跑完一圈后把它放到指定的地点,跑下一圈时再拿一张新的卡片再放到指定地点。跑到 7 分钟时,鸣哨或鸣枪提示还剩最后 1 分钟,到 8 分钟时鸣哨或鸣枪表示结束比赛。

2. 裁判方法

(1) 比赛结束后,各队统计放到指定地点的小卡片,以卡片数量计算积分。

(2) 各队的负责人把指定地点的卡片交给裁判员统计数量,按数量多少计得分。只有跑完整圈者的卡片才有效,没有跑完整圈者的卡片不计。

3. 裁判员职责

每队设置 2 名志愿者,主要负责在起点发放卡片和在终点收集并计算卡片。1 名裁判负责发令、计时。发令使用哨声或发令枪等,最后 1 分钟时要发预备信号,8 分钟时要发出终止信号。

(五) 速度渐进的耐力跑

1. 比赛规则

参赛队的每一名队员都必须尽可能地用一种速度逐渐增加的方式来绕环形路线跑完 100 米的距离。组织及器材摆放如图 5-5 所示。按规定的速度每跑完一圈就可以得 1 分。所有的队员都要以这样的方法比赛,然后记录相应得分。

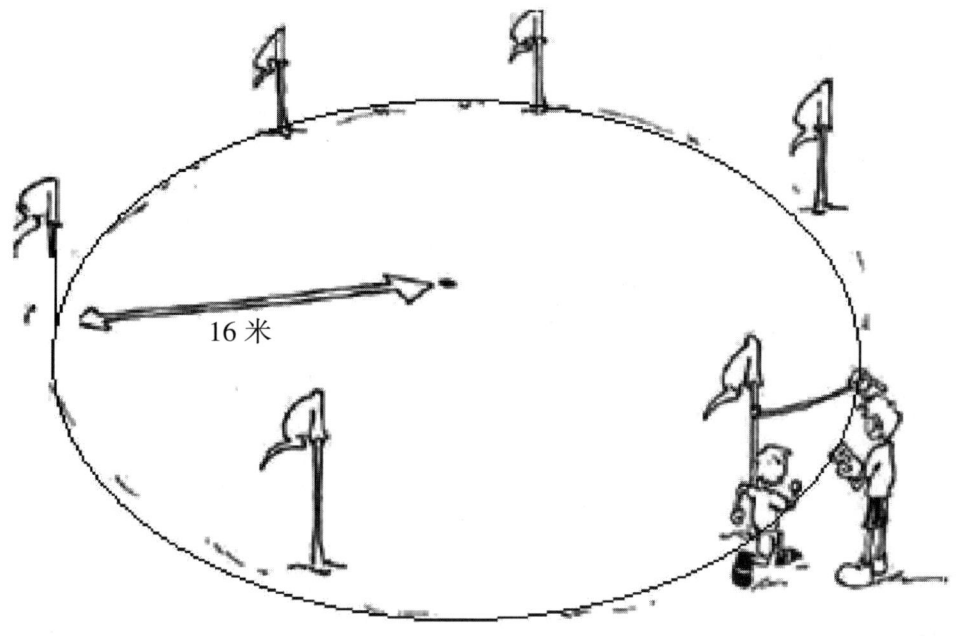

图 5-5　速度渐进的耐力跑

2. 裁判方法

在环形跑道上设置如图 5-6 所示的"门"。参与者按规定时间跑完一圈到此"门"时,"门"打开(裁判员放下控制带)允许其通过继续跑进并计 1 分;若参与者提前跑完一圈到此"门"或因跑得慢而超过规定时间到此"门",则"门"关闭(控制带拉起),裁判员令其等候到规定时间再允许其继续跑进,且不得分。开始时,裁判员要提醒参与者跑完每圈所用的时间,即关门时间,也就是按照比赛项目规定的每圈所用的时间。由两名裁判员站在环形跑道起点/终点,每个人经过终点且提交一次卡片得 1 分。得分多的队名次在前。

图 5-6　"门"

3. 裁判员职责

两名裁判员，终点裁判员负责按时间表控制每一圈的速度，并且掌握开/关门；另外一名裁判员负责计算积分。完成每圈的具体时间如表 5-6 所示。

表 5-6 速度渐进的耐力跑每圈所用时间比赛用表

速度 公里/小时	时间 秒/100 米	每圈速度 公里/小时	开门时间 分：秒	每圈速度 公里/小时	开门时间 分：秒
8	45	12	0:30	10	0:36
9	40	12	1:00	10	1:12
10	36	13	1:27	11	1:45
11	33	13	1:54	11	2:18
12	30	14	2:19	12	2:48
13	27	14	2:44	12	3:18
14	25	15	3:07	13	3:45
15	23	15	3:30	13	4:12
16	22	16	3:52	14	4:37
17	21	16	4:14	14	5:02
18	20	17	4:35	15	5:25
19	19	18	4:55	15	5:48
20	18	19	5:14	16	6:10

（六）1000 米耐力跑

1. 比赛规则

各队听到起跑命令后，绕约 200 米的场地跑 5 圈。可允许多个队伍同时进行，但每个队伍的起点各不相同。

2. 裁判方法

记录运动员完成赛跑的时间，然后根据各队每名参加者的个人成绩总和排定名次。

3. 裁判员职责

（1）此项目比赛安排 1 名总发令员，为各个队伍同时发令。
（2）每队需安排 1 名裁判员，负责记录全队每人的成绩。

（七）一级方程式

1. 比赛规则

由短跑、跨栏跑和绕障碍杆跑组成的接力跑，全程为 60 米到 80 米，分别为全速平跑区、跨越栏架跑区和绕过障碍杆区。用一个软胶圈来代替接力棒。每位参赛者开始时必须在垫子上做一个前滚翻（或背对前进方向坐在垫子上）。这是一个集体比赛项目，要求队中每个参赛者都必须完成整个比赛。组织及器材摆放如图 5-7 所示。每一轮比赛中要有两支队参加。

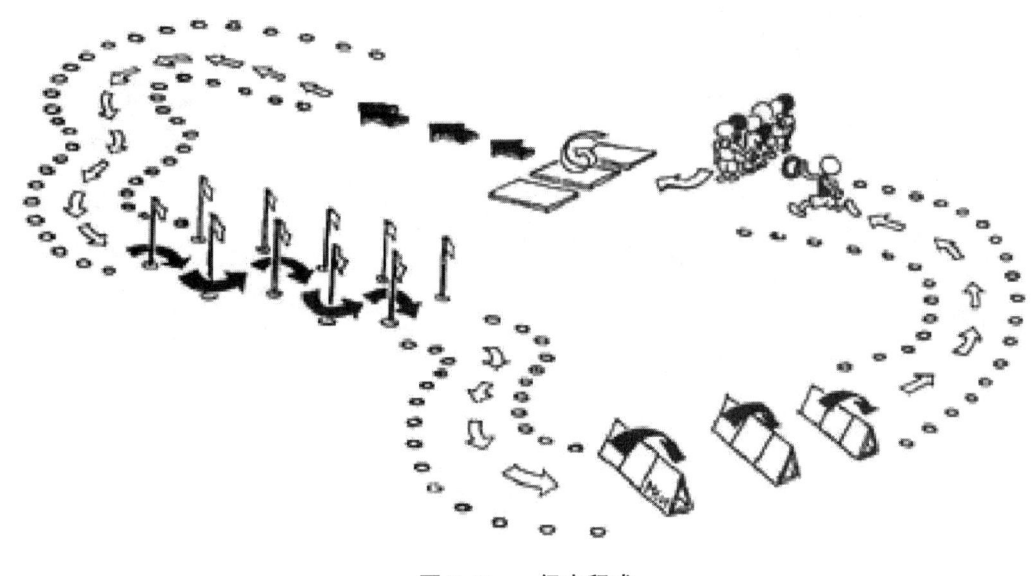

图 5-7　一级方程式

2. 裁判方法

（1）根据时间评定等级：每个队要参加两次比赛，即两队在起点处交换位置各进行一次。两次比赛用时相加，时间最短的队为冠军，后面名次依次类推。

（2）规定比赛过程中允许串道（或不允许串道）。

（3）比赛过程中如踢倒栏架或碰倒障碍杆均减 0.01 秒。

3. 裁判员职责

2 名志愿者在跨栏区和障碍杆区调整器械。1 名起跑发令员，2 名接力区协调员。还需要相当数量的计时员，记录各组比赛时间。

（八）格子跑

1. 比赛规则

在平整的地面上放置绳梯，长 4.5 米，两端与锥形记号桶间距 2.5 米，运动员准备起跑时站在起跑线上（起跑线在锥形记号桶的延长线上，并与梯子的较窄的一端平行）。运动员在梯形格内折返跑一个来回。组织及器材摆放如图 5-8 所示。

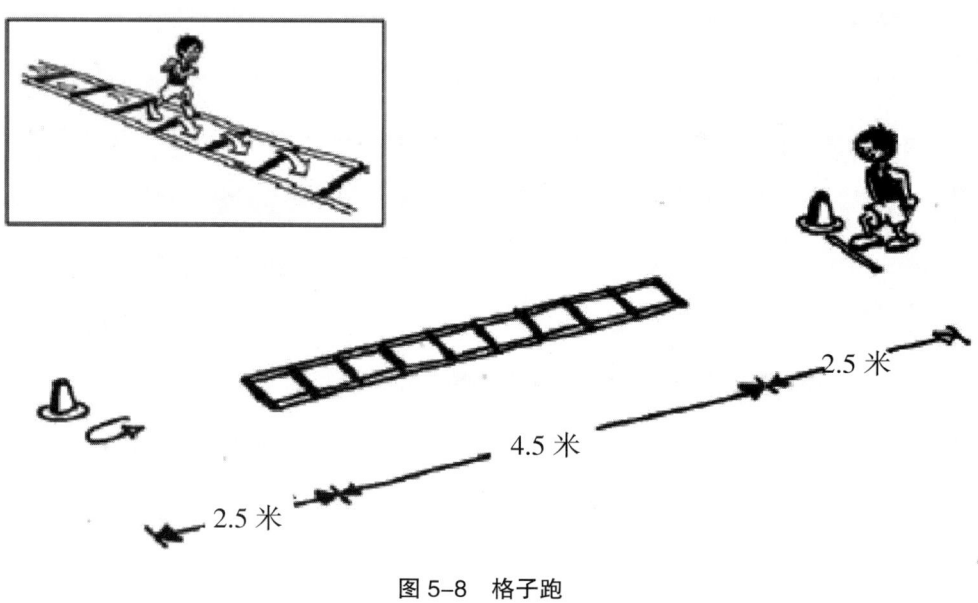

图 5-8 格子跑

如果参赛者在跑动的过程中踩到绳梯格子或者跑出绳梯，裁判员将在总成绩上增加 0.01 秒。参赛者没能按规定完成比赛，就可以通过增加秒数方式来惩罚。如果在比赛的过程中有两次失误，则在比赛成绩上增加 0.02 秒，以此类推。

2. 裁判方法

发令后裁判员开始观察运动员的整个比赛过程，跑过绳梯时，脚下不能触碰绳梯边线，如有触碰则要及时记录。运动员到达另一标志端用手触碰标志桶后，再返回起点，用手再触及原点标志桶才视为个人比赛结束。等全队跑完之后即为比赛结束，裁判员应当立即停止计时。查看惩罚的秒数，并如实填写成绩。每队跑两次，两次成绩相加为最终成绩。

3. 裁判员职责

本项目需要两名裁判员，负责发令、计时、记录犯规次数、计算成绩和将成绩记录在记分卡片上,并调节控制赛事的运转。

(九) 短跑/跨栏接力跑

1. 比赛规则

采用带折返的快速接力跑时每队需要两条跑道:一条做接力区和快速跑用,另一条做跨栏跑用。组织及器材摆放如图 5-9 所示。各队全体队员在 10 米接力区前侧集合,第一棒开始跑向折返标志杆,绕过标志杆后快速跑进并跨过两个栏架,接着绕过第二个折返标志杆跑回起跑点,跑进接力区内将软圈(接力棒)交给下一名队员,接棒者必须在接力区内起跑。依次进行,直至最后一名队员跑过终点(起点线)。

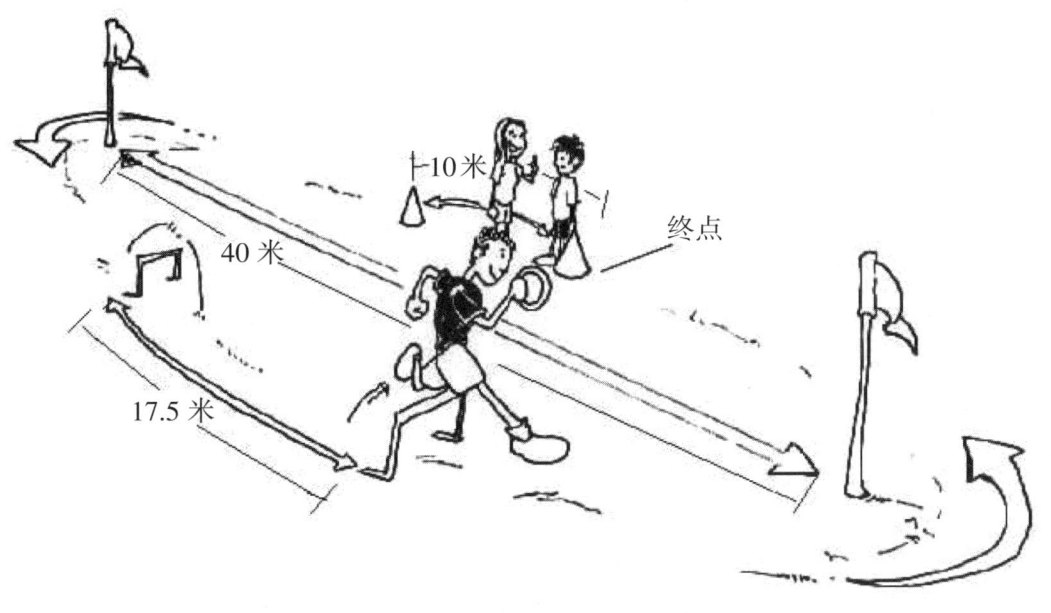

图 5-9 短跑/跨栏接力跑

2. 裁判方法

裁判员发令开始计时,当最后一棒队员完成相应距离并跑过终点线时停表。用时少的队为胜队,并且按照时间从少到多给予相应积分,评定各队的排名。

3. 裁判员职责

此站配备 1 名裁判员,有几支参赛队伍就相应配备几名志愿者,其职责是掌握本项目的正常进程,协助记录跑过终点的顺序、评分和在项目卡上记录得分。

二、跳跃项目裁判方法

跳跃项目包括立定跳远接力、十字跳、跳绳、限制区域三级跳、撑竿跳远、精准跳远等多种形式，具体规则如下。

（一）立定跳远接力

1. 比赛规则

参赛者采用原地站立姿势进行立定跳远。从起始线开始，每队中的第一个参赛者在起始线后面进行立定跳远，双脚着地。裁判员立刻标记距离起跳线最近着地点后，下一名参赛者在此着地点后继续进行立定跳远。参赛者一个接一个地进行直到最后一位参赛者完成。

如果参赛者落地时向后倒，则以最近的着地点为准。每队共进行两次跳远接力并记录成绩总和。

2. 裁判方法

每组的参赛者全部完成跳跃后，以所跳跃的总距离作为本组本次跳跃的成绩。每组进行两次，最终得分取两次试跳成绩的总和。成绩的测量就高不就低，精确到0.1米。

3. 裁判员职责

比赛中每队需要1名裁判员，负责控制和调节整个比赛过程（起始线、终点），测量每组每一次试跳的总距离，记录比赛成绩。

（二）十字跳

1. 比赛规则

必须以双脚跳动的方式来进行，并且跳跃的整个过程中一直保持面对一个方向。开始起跳的地方是十字跳板的中心格，从中心格跳向前格内，然后跳回到中心格；再跳到左格内，然后再返回中心格；从中心格再跳到后边格，再返回中心格。然后再跳到右边，再跳回到中心格。以上便是完成了一个轮回。按此顺序循环进行。组织及器材摆放如图5-10所示。

图 5-10　十字跳

2. 裁判方法

每组人数必须相同，每人限时 15 秒；从中心格出发顺序跳，每跳一次计数 1，累计相加。跳错回到中心格重新起跳，计数不变继续累计相加。全队成绩之和为该队最后成绩。

3. 裁判员职责

本项比赛每队配有 1 名裁判员，负责发令，调节控制赛事的进程，记录时间并数出每名参赛者跳的次数，最后将分数总和记录在记录卡上。

（三）跳绳

1. 比赛规则

比赛采用 15 秒计时方法。参赛者双手分别握着绳的两端，置于体后，双脚平行站立于规定的起跳位置。发令之后，参赛者摇动跳绳由后下经过头顶向前上摆动，让跳绳落于身体的前方，然后跳起让跳绳从脚下越过。

2. 裁判方法

跳绳时间为 15 秒，以跳的次数计分。每人跳两次，计算跳的总数，每组所有队员成绩相加计为该队的总成绩。

3. 裁判员职责

此项目配备 1 名裁判员，负责发令、掌握进程并确保赛事的顺利进行和计时、统计分数，并将成绩记录于记分卡上。4~5 名志愿者，负责是在统一的时限里计取符合规定的跳动数量，时限结束后将数量报给该项裁判员。

（四）限区域三级跳

1. 比赛规则

运动员选择一个适合自己水平的三级跳区域来进行三级跳，助跑距离 5 米，分别依次完成单足跳、跨步跳、双脚跳跃。组织及器材摆放如图 5-11 所示。

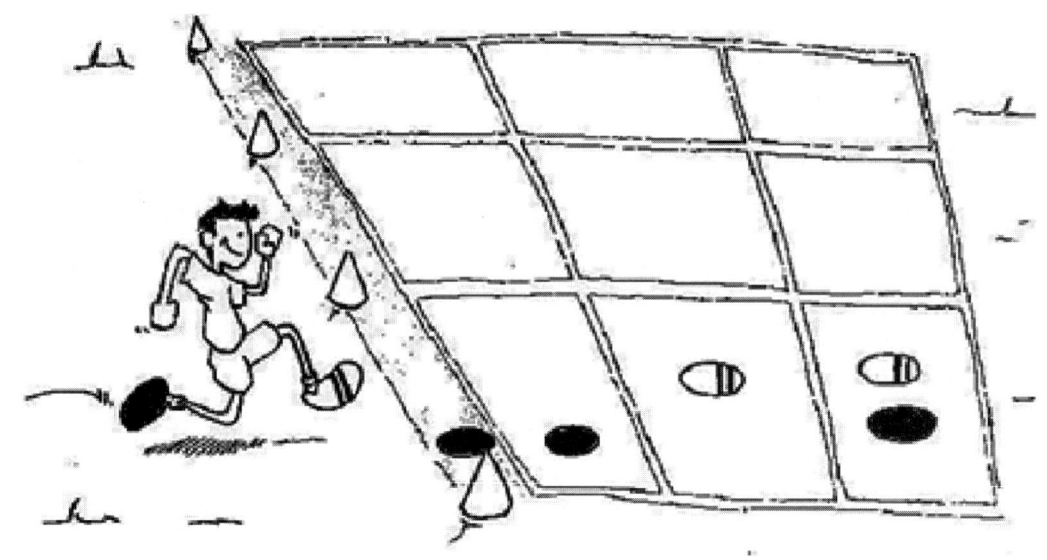

图 5-11　限区域三级跳

场地划分为 3 个区域，参赛者自由选择：
1 分区为每个区域宽 1 米，按照规定完成跳跃得 1 分；
2 分区为每个区域宽 2 米，按照规定完成跳跃得 2 分；
3 分区为每个区域宽 3 米，按照规定完成跳跃得 3 分。

2. 裁判方法

从运动员两次测试成绩的总和予以记录，并统计所有队员的总成绩。名次的排列根据比赛的结果来定：总分最高的是第一名，次高为第二，依次类推。

3. 裁判员职责

本项比赛可由 1 名裁判员执裁，负责控制赛事的正常运转。记录比赛结果，将成绩转化为分数并将分数记录于记分卡上。

（五）撑竿跳远

1. 比赛规则

组织及器材摆放如图 5-12 所示。运动员持一根长度不超过 2 米的撑竿，从离撑竿点 5 米远的地方面向落地区助跑（起跑线可以用标记线标记出来）。单脚起跳，准确插竿，并用力蹬地，摆动双腿越过撑竿。右手在上握竿（左脚起跑）的队员必须从右侧过竿，若左手在上握竿（右脚起跳）的队员必须从左侧过竿。双脚落在标志点上，给予相应的积分。插竿点与落地点大约 1 米远。

图 5-12　撑竿跳远

2. 裁判方法

撑竿跳起时必须单脚，否则视为无效；运动员插竿准确，落地后按单双脚落踏的垫子号数计分，双脚落在同一号垫子上时加 1 分；两脚前后落在两个垫子上或两个垫子之间时，计高不计低；运动员在起跳和落地过程中竿不离手；每名运动员的成绩累计相加为该队最后成绩；每名运动员均有两次试跳的机会，两次成绩之和计入本队成绩。所有队员的成绩之和作为本队最终成绩。

3. 裁判员职责

赛前向参赛者讲明比赛的规则；判断参赛者的落地是否标准；计算成绩并将得分记录于记分卡上。

（六）精确跳远

1. 比赛规则

运动员从长为 10 米的助跑道上助跑后完成跳远动作，要求准确踏板后落地。组织及器材摆放如图 5-13 所示。

10 厘米<40 厘米<10 厘米

图 5-13 精确跳远

2. 裁判方法

越过起跳板视为无效；未越过起跳板并没有准确踏上板不予加分。准确踏板起跳加 1 分。落地区设有相应的计分区，踏板后跳出距离起跳板 1 米为 1 分；1.5 米为 2 分；2 米为 3 分；2.5 米为 4 分；3 米为 4 分，以此类推。如双脚同时落地，则奖励 1 分；每队每位参加者有两次试跳机会，并计算两次跳跃得分的总和。每位参赛者总分之和为该队最后得分。

3. 裁判员职责

一名裁判员负责观察判定踏板起跳是否精准；观察落地动作及位置；计算每位参加者的得分；评分并在项目卡上记录得分。

（七）短距离助跑跳远

1. 比赛规则

运动员采用助跑跳远技术完成，以远度决定胜负。参加者从助跑区远端开始助跑，踏在 0.5 米宽的起跳板上向前跳出；起跳后落在沙坑内。组织及器材摆放如图 5-14 所示。

图 5-14 短距离助跑跳远

2. 裁判方法

每队每人跳两次，裁判员记录每名队员的两次成绩之和，所有队员的成绩相加为全队总成绩。

3. 裁判员职责

此项目由 3 名裁判员执裁，1 名负责控制和保证项目的正常进行、评分和在项目卡上记录得分，其他两名负责精确测量每次试跳的成绩。

（八）短距离助跑三级跳

1. 比赛规则

运动员做短助跑完成三级跳远，每人有两次试跳机会。助跑距离 5 米，必须准确踏板；必须用单足跳、跨步跳和跳跃，并用双脚落入沙坑内。

2. 裁判方法

每人试跳两次，裁判员记录每名队员两次成绩之和，所有队员的成绩之和为全队总成绩。

3. 裁判员职责

本项目应安排 3 名裁判员，其中 1 名负责控制和保证项目的正常进行（单足跳、跨步跳和双脚落地）、评分和在项目卡上记录得分；其他两名负责精确测量每一次试跳的成绩。

三、投掷项目裁判方法

投掷项目包括投掷少儿标枪、障碍掷准、跪姿投掷、旋转投掷、后抛实心球等，其具体裁判方法和规则如下。

（一）掷少儿标枪

1. 比赛规则

用单手投掷，以投掷的远度决定胜负；有 5 米的投掷助跑区；不得踩踏投掷线；每名参赛者有两次投掷的机会。

2. 裁判方法

从标枪的落点做与投掷标记线平行的直线，两条平行线间的垂直距离就是该次投掷的成绩。

成绩以 0.2 米为一个单位进行测量，如果落地点在两个远度之间，则取较远的一个成绩。每名队员有两次测试的机会，两次成绩相加为个人成绩，全队成绩总和为该队的总成绩。

3. 裁判员职责

此项目比赛需要两名裁判员和1~2名志愿者。一名裁判负责调控比赛的进程，另一名裁判负责测量投掷的距离、计算成绩，并且将分数记录于记分卡上。志愿者负责捡回投掷出去的标枪，放置于标记线内。

（二）跪姿投掷

1. 比赛规则

双膝跪在柔软的垫子上向前投掷空心球，以投掷远度决定胜负。参赛者双膝跪地用双手高举空心球于头顶，并向后方仰躺（绷紧身体），尽自己最大的力量将空心球向前方投掷出去，尽可能地获得最大的投掷远度。

2. 裁判方法

每个参赛者都有两次投掷的机会，测量时以0.2米为一个单位，落地点在两个远度之间时取更远的一个成绩。

投掷距离的测量方式如下：从球的落点做与投掷线平行的直线，然后两条平行线间的垂直距离就是该次投掷的成绩。每名队员有两次投掷机会，两次成绩相加为个人成绩，全队个人成绩之和为该队的总成绩。

3. 裁判员职责

此项比赛每个参赛队需要配备两名裁判员，其中一名裁判员负责调节控制赛事的进展；另一名负责测量成绩、计算总成绩，并且将分数记录于记分卡上。可设志愿者负责捡回球并置于投掷标记线以内。

（三）障碍投准

1. 比赛规则

单手投掷，投掷标志线距离障碍分别在5米、6米、7米、8米的远处，障碍的高度为2.5米，投掷落地区在障碍前3米处（图5-15）。参赛者要从5米、6米、7米、8米4条投掷标志线中选择一条作为自己的投掷标志线。选择的标准是当他站在此线后进行投掷时，投掷物必须越过前方障碍并落在指定的落地区内，在这种情况下所选择的投掷线距障碍越远，得分相应越多。

图 5-15 障碍投准

2. 裁判方法

在自选的投掷标志线后投出的器械越过障碍落入指定的落地区内方可获得相应得分：在 5 米投掷标志线后投掷得 2 分；6 米线得 3 分；7 米线得 4 分；8 米线则可以得到 5 分。无论是从哪条标志线后投掷，若投掷物落在落地区外只得 1 分。每人连续掷准 3 次，成绩累加总计。每人的得分累计总和为该队的最后成绩，将分数记录在卡片上。

3. 裁判员职责

此项比赛需要两名裁判员和 1~2 名志愿者，一名裁判员负责调节控制赛事的进程；另一名裁判员确定每次投掷越过障碍落入指定的落地区内的得分，计算每人得分总和并累计相加个人得分为该队的最后成绩，检查后将分数记录于记分卡上。志愿者负责将器械运回准备投掷区域内。

（四）旋转投掷

1. 比赛规则

以旋转方式，投掷壶形球或其他相应的安全物体。投掷区域划分成左区、中区和右区 3 个。参加者侧对中区站立，展直臂从身体侧面将器械投出。每位参加者可投掷两次，将器械投入最好的得分区。组织及器材摆放如图 5-16 所示。

图 5-16 旋转投掷

2. 裁判方法

以右手为例,投掷者将器械投到右区得 3 分,投到中区得 2 分,投到左区得 1 分(左手投掷者的得分区与此相反)。如器械落在两区间的边线上,则按较高区域计分。每位参加者投掷两次,两次成绩相加为个人成绩,最后全队个人成绩的总和为该队的总成绩。

3. 裁判员职责

本项目应配备两名裁判员,1~2 名志愿者。一名裁判员负责控制和保证项目的正常进行;另一名裁判员负责观察、确定得分,并在项目卡上做记录。志愿者将投出的器械送回准备投掷区内。

4. 场地要求

旋转投掷是一项较危险的运动,要选用安全的器材和选择足够大的场地,用右手投掷站在右边,用左手投掷站在左边,各组完成的时间要充分。一切都必须足够安全,把危险降低到最小。

(五)后抛实心球

1. 比赛规则

投掷时背对投掷方向,双脚平行站在投掷线后。双手直臂向下握球,然后下蹲并快速蹬伸双腿，双手向上向后尽可能远地向落地区抛出。抛出后，可向后踏上或踏出投掷线。每人有两次试抛机会。

2. 裁判方法

垂直丈量投掷落地点到投掷线间的距离，落地区以 0.2 米为一个得分单位，当球落在两个得分区的分界线上时，以较高区的得分计。每人两次成绩相加为个人成绩，全队成绩的总和为该队的总成绩。

3. 裁判员职责

本项目每队应配备两名裁判员，1~2 名志愿者。一名裁判员负责控制和保证项目的正常进行；另一名裁判员负责判定球落地的距离（垂直丈量），并在项目卡上记录得分。志愿者负责将投出的器械送回准备投掷区域内。

（六）掷少年标枪

1. 比赛规则

比赛使用特制标枪做单臂掷远或掷准，器材摆放如图 5-17 所示。

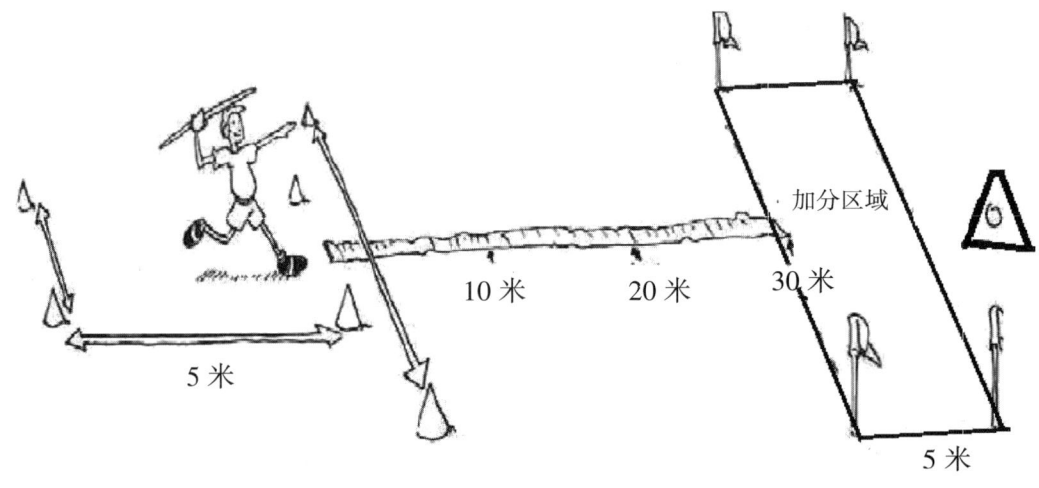

图 5-17　掷少年标枪

2. 裁判方法

投掷者在 5 米助跑区内完成掷标枪动作，并尽可能远地向标示出的 30 米区内掷出，如标枪掷到了 30 米以远的 5 米加分区内，则额外加 10 分。记录每名队员的 3 次试掷成绩，3 次成绩相加为个人成绩，累计每人成绩为该队的总成绩。

3. 裁判员职责

本项目应安排两名裁判员，1~2 名志愿者。一名裁判员负责控制本项目的正常进程；另一名裁判员负责评分，并在项目卡上记录得分。志愿者负责将器械送回准备投掷区域内。

（七）掷少年铁饼

1. 比赛规则

要求参赛人员单臂旋转掷远。投掷者在 3 米助跑区内以旋转动作掷铁饼（图 5-18）。铁饼应尽可能落在特定的 10 米宽的区域，并尽可能远地向标示出的 30 米以远的区内掷出，如果铁饼掷到了这个区内，则额外加 10 分。

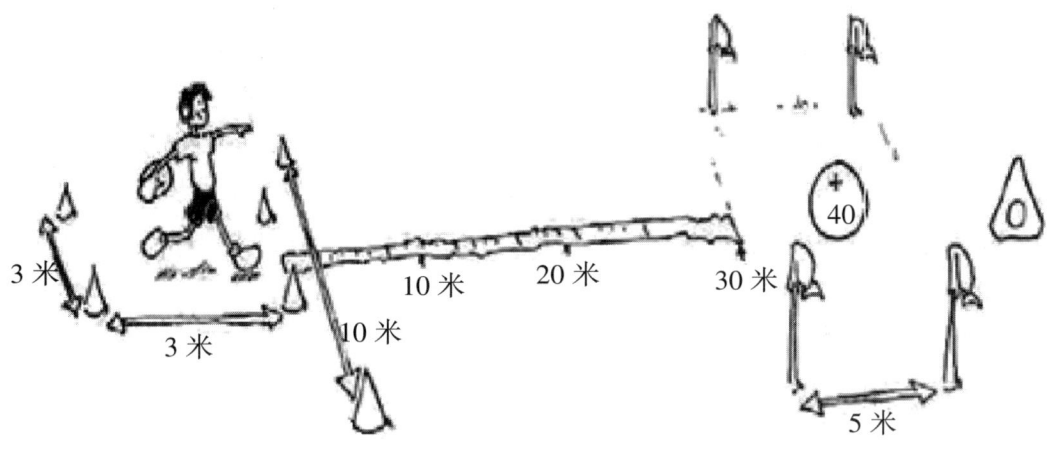

图 5-18　掷少年铁饼

2. 裁判方法

试掷的成绩应从铁饼落地的最近点垂直地量到投掷线，每名队员有 3 次试掷机会，3 次成绩相加为个人成绩，每人的成绩累计为该队的总成绩，各队名次根据本队总得分排定。

3. 裁判员职责

本项目设两名裁判员，1~2 名志愿者。一名裁判员负责控制和保证项目的正常进行；另一名裁判员负责丈量成绩、评分和在项目卡上记录得分。志愿者负责将掷出的

铁饼送回投掷区。

为了保证铁饼投掷中的安全，只允许协助人员停留在投掷区内。严厉禁止在听到投掷命令前进行投掷。

第五节 少儿趣味田径运动的器材与场地

国际田径联合会在全球推广的少儿趣味田径运动不是只局限于跑、跳和投的项目，还有关于少儿趣味田径运动的理念和少儿趣味田径运动的器材与场地，甚至更重要的是在对少儿趣味田径运动理念深刻理解基础上的器材与场地的合理有效利用与器材的制作与研发。

一、少儿趣味田径运动器材与场地的设计原则

少儿趣味田径运动器材的设计，是指根据少儿趣味田径运动项目的特点，结合少儿生长发育的年龄特点，本着环保、安全、轻便、对少儿有吸引力的理念，专门设计的有关器材。少儿趣味田径运动场地设计是指根据少儿趣味田径运动项目的特点，结合少儿生长发育的年龄特点，合理布置安排各项目的练习场地，并统筹安排各项目在场地上的合理布局。少儿趣味田径运动器材和场地设计的质量，对本项目的开展效果有着较大的影响作用。少儿趣味田径运动器材场地的设计原则一般有：

（一）符合 7~12 岁年龄少儿的身心特点

7~12 岁年龄段正是儿童身心发展的重要阶段，随着他们年龄的增长，机体逐渐进入了身心发展的快速阶段——青春发育前期。无数事实证明，科学的体育锻炼对发育期的人体在体质上、心理上、智力上都有着无可替代的作用。在这一阶段，人体骨骼发育快于肌肉的生长，尤其是小肌肉群的力量非常薄弱，所以儿童和少年的协调能力、耐受能力、肌肉的绝对力量都较差。在这个时期，神经系统处于"泛化期"，他们好动、易兴奋、易疲劳、兴奋点转移快，但又难以长时间集中注意力。在进行少儿趣味田径运动器材与场地的设计时，要充分考虑这一时期少儿的身心特点。一般来讲，器材的重量要小一些，新颖、趣味、刺激、色彩鲜亮的设计往往能够激发少儿的参与兴趣。

（二）具有明显的田径运动属性

少儿趣味田径是田径运动的一种特殊形式，其基本目的是希望在轻松愉悦的氛围

中，培养少儿对于田径运动的兴趣，并提高其田径运动的基本能力（技能、体能）。田径运动的基本运动形式为走、跑、跳、投，目标是走或跑得更快，跳得更高或更远，把特定器械投得更远。所以，在器材和场地的设计时要尽量体现出这种运动属性。例如：决定跨栏成绩的主要因素是栏间跑技术和跨栏步技术，在场地设计时，根据不同的年龄段，栏间距离可分别采用 6 米或 6.5 米，这种设计可以促进儿童少年在学习的初期，形成较好的栏间快速跑节奏和正确的跑跨结合技术概念。再如：标枪的设计，要考虑标枪的纵向长度，这样有利于培养少儿的"纵轴用力"的能力。

（三）具有较广泛的灵活性和适用性

不同学校、俱乐部、社区的活动场地和器材条件有很大差异，为了提高器械、场地的使用效率，少儿趣味田径运动器材和场地的设计，应体现较大的灵活性和适用性，要"因陋就简、因地制宜"，例如可用一些纸箱纸盒替代跨栏架等。

（四）具有趣味性和安全性

此年龄阶段的少儿喜欢新异刺激，其兴趣广泛且多变，所以，在做器材、场地的设计时，应在保障安全的基本前提下，提高其刺激的新异性和趣味性。如：器材可用对比度大且色彩鲜亮的材质来制作，投掷器械可在内部装上响铃等。场地器材要充分保证其安全性，器械最好使用软性材质。

二、国际田联少儿趣味田径运动的标准器材与场地

国际田联为了更好地推广少儿趣味田径运动，特地设计制作了一套标准器材，在有条件的地区，应尽量采用。因其安全性高，制作精良，组装和运输也比较容易、方便。在无条件的地区，要因地制宜，采用当地的材料自行设计和制作。需要注意的是：自行制作的器材要符合国际田联少儿趣味田径运动项目的要求。

（一）国际田联少儿趣味田径运动标准器材的特点

第一，趣味性：器材的结构和颜色充分考虑了少儿的生理和心理特点，能够激发其运动兴趣和潜能。

第二，便捷性：器材不受时间和场地的限制，设施组装和运输容易，拆卸方便，室内室外均可使用。

第三，安全性：器材全部采用安全环保的材料制作，设计时考虑到每一处的安全细节。

第四，专业性：器材源于成人项目但又区别于成人项目，能够体现出田径的运动属性，有规范的技术指标，与成人项目有很好的衔接。

（二）国际田联少儿趣味田径运动的标准器材配备

标准器材的配备见表 5-4。

以下的图 5-19—图 5-22 是部分国际田联少儿趣味田径运动的标准器材。

图 5-19　标准器材

图 5-20　标准器材

图 5-21　十字跳垫子

图 5-22　跨栏架

（三）国际田联少儿趣味田径运动的场地要求

1. 国际田联少儿趣味田径运动比赛场地的基本要求

国际田联少儿趣味田径运动比赛对场地的空间要求相对简单，其基本要求为：一块平整的空地,可以是草地、空地、灰土或沥青球场,场地大小为 60 米×40 米(图 5-23、图 5-24)。在此空间内,精心地组织策划可保证少儿趣味田径运动的比赛(9 个队,每队 10 人参加 10 个项目的比赛,其中跑、跳、投各 3 项+集体耐力跑 1 项)在两小时内完成,包括最后的成绩公布和颁奖。此外,根据条件,也可组织 6 个队、7 个项目的比赛(2 个径赛项目、2 个跳跃项目、2 个投掷项目+1 个集体耐力跑项目),这样的比赛可在 1 小时 15 分内完成。

图 5-23　草地撑竿跳远

图 5-24　黄土地上的跨栏跑

2. 少儿趣味田径运动比赛项目的场地布置

9 个队每队 10 人参加 7 个项目的比赛场地示意图见图 5-1。

比赛场地的布局极其重要。赛场的边界要清晰标出,每一个比赛项目的地点也应该清楚地划分（采用旗子、锥形物等）。必须采取适宜的措施，保证比赛的质量和人员的安全。

负责比赛的每一位组织者都需要考虑项目布局的各个影响因素，安全、便于项目转换，是组织和安排各个比赛项目"站"的决定性因素。

三、自行设计制作少儿趣味田径运动的器材与场地

（一）自行设计制作少儿趣味田径运动器材与场地的可能性

由于受经费和学校条件的限制，某些学校可能会在器材场地方面遇到一些困难，为了促进少年儿童的身体健康和获得参加体育锻炼的机会，需要广大体育工作者发扬艰苦奋斗的精神，充分发挥自身的创造力和想象力，摆脱传统的思维框架，为少儿的需要提供服务，因地制宜、因陋就简，有针对性地开发和设计一些体育器材和选择合适的锻炼场地。

国际田联少儿趣味田径运动在设计之初就考虑到世界各地经济发展的不均衡，特别是在一些发展落后的地区，体育设施严重不足，而田径作为最基本的运动形式，具有简单、易于开展的特点，因此，国际田联少儿趣味田径运动的倡导者并不要求必须使用标准的场地器材，而是积极鼓励自行设计和制作，并为此提供了极大的可能性和创造空间。国际田联在非洲的一些地区推广少儿趣味田径运动时，也曾把当地树上落下的松枝堆砌起来作为跨栏比赛的栏架，这样，参加练习的儿童也同样体验到了田径活动带给他们的快乐。

少儿趣味田径运动只是提供了一种基本的项目设计理念，广大教师可根据客观条件进行相应的变化。如：一级方程式项目包括前滚翻、弯道跑、弯道跨栏、绕杆跑、接力5种基本练习，要求跑的距离为60~80米。如何才能在一块10米×20米的场地内完成此项活动呢，解决的方法之一就是将原来圆的跑进路线转变为S形的、蛇形跑路线，这样就可以因地制宜地完成以上5项基本练习。

可以采用我们生活中常见的物品或废品来制作器材。如：纸质的包装箱可以改制为儿童的栏架，其不同尺寸的长宽高正好符合不同年龄段的栏架高度的要求；三根树杈捆绑起来，就可以形成一个不错的栏架；而一定长度的光滑的树枝也可以作为儿童的标枪使用。

（二）因地制宜设计的少儿趣味田径运动场地示例

1. 设计要求

（1）合理布局。场地器材的布局会影响少儿趣味田径活动的进行。合理的布局要

做到有利于多个项目同时展开,互不干扰,不影响其他运动者。另外,也要考虑不影响学校其他班级的课堂教学。

(2) 因地制宜,充分利用自然条件。除了在室外空地举行外,少儿趣味田径活动也可在室内进行(如:礼堂、小型体育场馆等),其基本要求是注意场地的安全性。

2. 根据场地条件安排小型比赛示例

(1) 比赛的参加者和比赛场地的基本情况

参加人数:32人。
参加者年龄:7~8岁。
场地条件:篮球场(28米×15米)。
比赛时间:45分钟。
项目要求:包括跑、跳、投项目。

(2) 设计图示(图 5-25)

设计示例 7~8 岁组

分组:4组,8人/组。
项目:准备活动10分钟、10分钟/项目交换
　　　短跑/跨栏对面接力、十字跳、跪投。
场地布置:篮球场(28米×15米)。

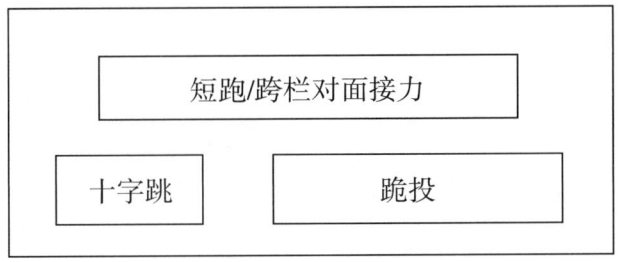

图 5-25　篮球场上的少儿趣味田径比赛安排示例

(三) 自行制作的少儿趣味田径运动器材示例

自制器材的性能和特征要符合少儿趣味田径运动项目的要求。另外,还要考虑下列因素:安全性、便于收藏整理、废物的回收与利用、色彩装饰易引起兴趣等。

随着少儿趣味田径运动在世界的推广和实施,不同国家和地区的体育工作者根据

自己的条件开发和设计了不同的活动器材和设备。以下图片中展示的只是其中的一小部分，仅供参考（图 5-26—图 5-33）。

原始的废品

多姿多彩的少儿趣味田径运动器材

图 5-26　由废品经过装饰后而制成的少儿趣味田径运动器材

图 5-27　自行设计的器材展示

图 5-28　简易的跑道及分道线

图 5-29　箱子栏架

图 5-30　画出的十字跳场地

第五章 少儿趣味田径运动竞赛组织与场地器材

图 5-31　自制链球

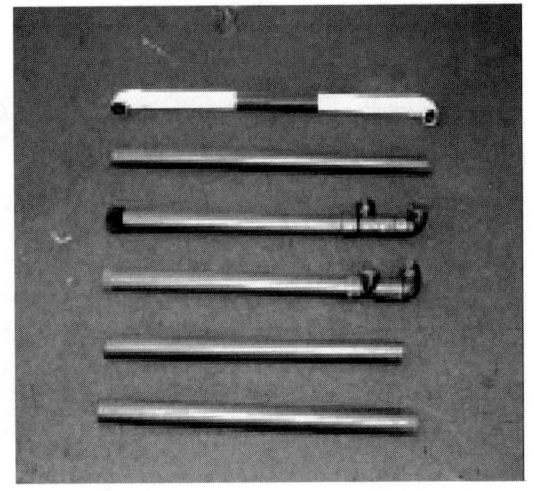

图 5-32　自制栏架的金属水管

图 5-33　自制的简易起跑器

(本章执笔者　孙楠　李铁录　赵文姜　章碧玉)

第六章　少儿趣味田径指导员的基本素质与技能

少儿趣味田径指导员是指接受过有组织的少儿趣味田径运动培训，对少儿趣味田径教学或指导练习具有一定的实践经验，对少儿趣味田径运动及推广该运动的目的与意义有一定的认识，能承担教育及教养职责的中小学及幼儿园的专业技术人员。通常是指从事体育教育的中小学及幼儿园的教师。他们不仅是普通的体育教育工作者，更是对少儿趣味田径运动具有较高的认识水平，且有较高的思想政治水平、具备良好的职业道德的教育者和指导者。从少儿趣味田径运动开始在我国推广起，我国的少儿趣味田径讲师已经在全国很多省市举办了几十次少儿趣味田径指导员培训班，培训了上千人。接受培训的主要是中小学的体育教师，部分地区还有小学校长和体育院校的大学生接受培训。

第一节　少儿趣味田径指导员应具备的基本素质

作为少儿趣味田径指导员，首先是一名合格的体育教师，除了应具备与其所任职务层次相应水平的专业知识和技能之外，还应具备一些教育工作者所需要的最基本的素质，主要有以下几个方面的内容。

一、少儿趣味田径指导员应具备的基本素质的核心——对少儿趣味田径的正确理解

少儿趣味田径指导员实际是对少儿趣味田径有深刻的认识，并把这种认识贯穿其教学活动始终的体育教师。初见少儿趣味田径运动和器材的人，总会有这样的认识：少儿趣味田径就是所用的器材安全、漂亮了，动作简单了。这种认识是不全面的。推广少儿趣味田径运动的宗旨是推广田径运动文化，从小培养少儿对跑、跳和投类运动的兴趣，在培养兴趣的过程中发展少儿的跑、跳和投的能力，不进行任何有专门针对性的训练，为他们将来从事田径运动做兴趣和身体上的准备。简化的运动形式和安全的运动器材以及有趣的组织形式，是少儿趣味田径指导员在指导学生进行活动时必不可少的条件。

二、正确的政治方向和敬业精神

(一)"教书育人"是少儿趣味田径指导员的首要职责

少儿趣味田径指导员最基本的角色是一名教师。教师的根本任务是培养学生成为适应社会发展的、身心健康的人,并促使学生具有坚定的社会主义政治方向,坚强的意志,乐观向上的品质。作为教师的少儿趣味田径指导员,首先应拥护中国共产党的领导,热爱社会主义祖国,努力学习马列主义、毛泽东思想、邓小平理论和"三个代表"、科学发展观重要思想,以此来武装自己的头脑,用辩证唯物主义和历史唯物主义的立场、观点、方法分析问题、认识问题、解决问题;其次热爱教育事业,热爱学生。

1. 热爱教育事业

教育事业是一个伟大而崇高的事业,是造就人、培养人的事业。它教人学会做人、学会生存、学会生活、学会学习。每一个投身于这一事业的人,都应该感到无上光荣,都应该为之倾注毕生精力。对教育事业要有较高的责任感,提倡终身从教的乐业精神、严谨执教的敬业精神、不甘落后的进取精神、不计得失的奉献精神,要正确认识教育事业对祖国、对人类未来的巨大作用。忠于人民的教育事业是教师做好教育工作的强大动力和精神支柱。

2. 热爱学生

热爱学生是教师搞好教学工作的前提。热爱学生不仅是一种教育手段,更是教师高尚道德品质的表现。教师热爱学生在教育过程中起着十分重要的作用。师爱是学生身心健康成长的重要因素,也是学生人格健康发展的条件。学生会把这种积极的情感体验迁移到对他人的信任、尊敬和热爱上。相反,厌恶学生,使学生受到不公正的待遇,就会使他们体验到人生的残酷、人情的淡薄,就会滋长冷漠甚至畸形的心态,产生不健康的心理。因此,教师应以高尚的教育伦理、宽阔的胸怀去热爱学生,去塑造学生的人生。热爱学生应将对学生的爱与严格要求结合起来,还要将爱与尊重学生、信任学生相结合,尊重学生的人格,保护学生的自尊心和自信心。只有全面关心学生的学习及身心健康发展,才能成为学生人生道路上的引路人,培养出健康成长、和谐发展的高素质人才。

(二)崇高的理想和远大的目标

体育事业是社会主义精神文明建设的组成部分。中小学体育教师是社会主义精神文明建设的践行者，他们的工作表面上看似很平凡，但实际上是崇高而光荣，且十分艰辛的工作。为国家培养合格人才和创造优异成绩的运动员的基础性工作，都是由基础教育的教师来完成的，这也是他们崇高理想和远大目标的具体体现。

（三）要树立坚定的事业心

体育教师首先是教师，是教育者。教师工作是光荣而艰巨的，没有坚定的事业心，就不可能做好教育教学工作。因此，坚定的事业心是教师做好工作的基本条件。热爱教育事业，是对每个教师的基本要求。体育教师常年在室外上课，风里来雨里去，如果没有一个坚强的事业心和良好的职业道德观是不会上好课的。坚强的事业心和良好的职业道德观念，会促使教师想尽一切办法，寻找适合学生的教材内容，努力创造宽松、活泼、适合学生学习的环境。

三、良好的职业道德和为人师表

（一）良好的职业道德

对一名少儿趣味田径指导员来说，良好的职业道德修养是非常重要的问题。少儿趣味田径指导员良好的职业道德主要表现在实事求是的科学态度、对学生热爱和对学生高度负责的精神等方面。

实事求是的科学态度不仅表现在学术问题上要尊重事实，而且还表现在治学严谨和严肃认真的工作作风方面。具体表现是尊重事实，不图虚名；尊重他人的劳动，能正确评价他人和自己的教学、训练成果。对少儿高度负责的精神主要表现在既关心爱护少儿，又严格要求少儿；既教授科学文化知识、传授技术，又注重少儿的思想教育。同时在处理各种关系和各种问题方面表现出公正无私的态度。

对少儿热爱和对少儿高度负责的精神也表现在认真备课，能事先了解少儿的具体情况，有针对性地准备教学。课前对场地设施的布置能充分考虑到少儿的能力和少儿的数量，做到安全、科学、有效。课中能够根据少儿的实际情况，有效组织教学，做到因材施教。对少儿的热爱和对少儿的高度负责精神还表现在全心全意照顾到每一个少儿，不轻视任何一名少儿，主动用激励的语言、表情和动作督促少儿积极参与运动，能及时发现少儿的一点点进步，并给予表扬，以促使其形成良好的运动习惯。

（二）为人师表

《论语·子路》中说："其身正，不令而行；其身不正，虽令不从。"教师是学生直观的、活生生的榜样。榜样的力量是无穷的。高尚的品格、情操会使人在思想和行为上受到潜移默化的影响，这是最有说服力的教育。尤其是小学生，他们善于模仿，教育者的一言一行、一举一动都会给他们留下深刻的印象。教师的思想品德、行为习惯都对学生产生直接的影响。因此，教师必须严于律己，言行一致，举止文明，为人师表，使自己的一言一行都符合《中小学教师职业道德规范》的各项要求。

四、与时俱进，终身学习，确立自己的教学观点

（一）与时俱进，终身学习

体育是一门交叉学科。它要求教师同时具有多方面的知识。"博而不精谓之滥，精而不博谓之匠"，这是古人对博而精的精辟论述。多方面的知识能对人的事业有很多帮助，知识可以多角度地帮助开发人的潜能，启发人的思维。一个好的体育教师应该是体育教育目标的实现者，而不仅仅是知识技术的灌输者，是既教书又育人的教育者，是体育教学活动的组织者，是先进教学方法的探索者。这就要求体育教师要加强学习，文理兼具，拓展自己的知识空间，使自己成为一个博学多才的知识型体育教师。特别是信息时代要求人们终身进行学习，信息时代知识更新速度快，不进行学习就会落后，要保持一颗永远年轻的心，努力学习新的技术和新的知识，掌握现代技术并运用是作为一名体育教师所应该具备的。少儿趣味田径是时代发展的产物，需要中小学体育教师，尤其是少儿趣味田径指导员不断深入学习，并加以灵活运用。

（二）确立自己的教学观点

在教学和业余练习过程中，如果只是照本宣科，或照搬他人经验，是很难取得成功的。在对学生进行教育的过程中，少儿趣味田径指导员要针对学生的实际状况和具体的教学对象的特点，逐步确立自己的教育观点和选择行之有效的教育方法。同样，在教学和业余训练实践的基础上，也要逐步确立具有个人特色的教学的观点。只有这样，才能使教学水平不断提高，才能使教学或训练的工作更加符合实际，才能使教学工作取得良好的效果。因此，作为少儿趣味田径指导员，要善于学习他人的经验并不断总结自己的经验，逐步形成和确立自己的教育和教学观点。

五、培养良好的心理品质

(一) 良好的个性倾向

良好的个性倾向表现为性格开朗,乐观向上,兴趣广泛,不畏困苦,甘于奉献。体育教师最需要有吃苦耐劳、甘于奉献的精神。体育教师经常是既要组织好教学又要开展好课外体育活动、课余体育竞赛等活动,有些学校还要求教师常年坚持训练,起早贪黑特别辛苦。尽管培养出许多优秀的少儿运动员,自己却仍然是默默无闻。若没有乐观向上的、无私奉献的精神,就无法做到这一切。体育教师的高度责任感和对体育教学的热爱是他们成功的关键。有了对体育教学的热爱和高度的责任感,教师就会处处体现以学生为主体、教师为主导的理念,积极探索适合学生学习的内容、方法和手段,创造适合学生学习的良好环境。目前,少儿趣味田径对大多数体育教师来说是个新鲜事物,良好的个性倾向能促进体育教师乐于将少儿趣味田径引入教学实践,积极组织学生参加少儿趣味田径练习与比赛。因此,具有良好的个性倾向对少儿趣味田径指导员来说很重要。

(二) 健康的情感

体育教师的情感对学生具有直接的感染作用,尤其是对年龄较小的学生。体育教师的激情对学生的感染力和辐射力能贯穿影响学生的体育课甚至整个学习过程。所以体育教师应具有健康的情感和较好的心理素质,诸如较强的感受能力、敏锐的反应能力、稳定的情绪、较强的注意力、善于自控和内省与乐于和学生交往等等。情绪稳定是体育教师应具备的起码条件。如果一个教师神经质、好发脾气,学生就会无所适从,长时间这样,学生就会讨厌教师,使师生关系紧张,无法进行正常的教学。

教师的人格力量和示范效应是教育成功的必需。我们要塑造情感丰富、个性健全的人。教师本人首先要付诸真情,播洒爱心。只有真情实感才能塑造美好的心灵,才能施以有效的教育。少儿趣味田径开展的原则之一是充分调动学生参与的积极性,不给任何人打负分,用爱来鼓励学生积极参与活动。实践证明,老师的尊重、鼓励和爱心对学生来讲很重要,特别是对中小学生而言,教师的尊重和鼓励是他们的精神支柱。从某一方面来说,一个好的学生是鼓励出来的而不是批评出来的。因此,少儿田径指导员应该用真心关爱每一个学生,多鼓励少儿,使学生能快乐地学习和锻炼。这就更加需要少儿田径指导员具有健康的情感,对学生施加良好的影响。

（三）坚强的意志

荀子在《劝学》中说："锲而不舍，朽木不折；锲而不舍，金石可镂。"可见，坚强的意志对于人生有着极大的作用。少儿趣味田径指导员也应具备良好的意志品质，具体包括勇敢顽强、自信自制、坚韧不拔等品质，以帮助其战胜在少儿趣味田径在开展初期所遇到的困难。坚强的意志也是体育教师必需的素质，它有利于教师培养学生形成坚强的意志。体育教师在教学中要注意培养学生的坚强意志，而且也要锻炼自己的意志，给学生做出榜样。从事田径运动有利于学生形成坚强的意志品质。尽管少儿趣味田径具有趣味性，但并不影响其对学生意志品质的培养。因此，作为体育教师的少儿田径指导员，要具有较好的意志品质，并不断锻炼自己，完善自己，形成有坚强意志品质的人。

（四）和谐的人际关系

和谐的人际关系是迈向成功的第一步，没有一个良好的人际关系，工作就不会顺利进行。作为少儿趣味田径指导员的体育教师更要在平时注意完善自己，构建和谐的人际关系。

学校体育工作不只是体育教师的工作，学校体育的目标也不是仅仅由体育教师的努力就可以实现的。对少儿进行体育教育需要家庭、学校、社会的共同努力，特别是作为新鲜事物的少儿趣味田径，要得到各方面的认可与接受，更需要各方面的理解与支持。因此，和谐人际关系的构建能力是每一位少儿田径指导员均应具备的能力。

第二节　少儿趣味田径指导员的基本技能

参照中小学体育教师的任职条件，作为少儿趣味田径指导员，应具备田径教学的知识与技能、较强的组织能力和一定的教研能力、较强的田径运动业余训练工作技能和社会工作能力。

一、田径教学的知识与技能

（一）掌握教育学、教育心理学的基本知识

作为少儿趣味田径指导员应掌握教育学和教育心理学的基本知识，能够熟练地掌

握教学的基本原则和教育过程的基本规律，并能在田径教学过程中结合实际情况灵活地运用这些知识。注意在教学实践中随时了解学生掌握知识、技术的程度，以及学生的思想和心理方面的变化，结合实际有针对性地、及时地对学生进行教育。

（二）过硬的教育教学能力

教学能力是体育教师为了保证体育教学的成功，达到预期教学目标而表现出来的驾驭教育教学的能力、语言表达能力、组织能力、创新能力等的总和。这些能力是教师的教学基本功，是教学成功的关键所在，也是一个优秀的体育教师必备的基本素质。

1. 驾驭教育教学的能力

教育教学能力是教师应具备的最基本的，也是最根本的素质。它要求教师能根据教育教学内容和学生的实际，遵循教育教学应有的规律，以及学生的发展规律，运用恰当的方式方法，组织好教育教学活动，达到理想的效果。

2. 良好的语言表达能力

语言表达是一切教育工作者必备的主要能力。由于条件限制，很多动作场景常常需要教师通过语言来描述，把丰富的知识通过语言描述来传授给学生，这就需要教师的语言准确清晰，具有科学性；简明练达，具有逻辑性；生动活泼，具有形象性；抑扬顿挫，具有启发性。

3. 较强的创新能力

教师要想更好地完成教学任务，不能被动地等待运用别人的研究成果，或者生硬地照搬照学，而应该以研究者的心态，置身于自己的教育教学活动中去，认真分析教育教学中出现的各种问题，反思自己的教育教学行为，对出现的问题进行探究，找出新的解决方法。同时依据时代要求，善于吸收最新的教育科研成果，并把它创新地应用于自己的教育教学实践中，最大限度地提高课堂教学效率。教师的创新包括独到的见解、新颖的教学方法、创新的思维、凸现的个性、探索的精神、民主的意识等等。教师只有具有了创新意识和创新能力，才会持续地发展，教育教学水平才会稳步地提高。

（三）熟练掌握理论教学的基本教材与确立自己基本的学术观点

作为少儿趣味田径指导员，不仅要熟练地掌握所授课年级的全部教学内容，而且还应掌握少儿趣味田径项目的各种变式和不同学校运用少儿趣味田径的特点。在实际

第六章 少儿趣味田径指导员的基本素质与技能

教学中，能够通过对不同学校少儿趣味田径指导员运用特点的比较和分析，形成自己的特点，并使学生更加理解和牢固地掌握教材的基本内容。这就要求少儿趣味田径指导员应在教材之外，对不同学校的情况进行研究，并形成具有个人特色的基本学术观点。

（四）熟练掌握少儿生理心理知识，正确运用少儿运动技能形成规律等知识

作为少儿趣味田径的指导员，不仅要掌握一般的生理心理知识，更要熟知少儿心理和生理知识，特别是对少儿运动技能形成的规律有深刻的认识，并能在实践中正确运用，防止出现运动早期专业化现象。

二、较强的组织能力和一定的教研能力

组织能力是一名教师取得教育和教学成功的有力保证。缺乏组织能力的教师，无论其知识如何广博，都难以完成教育教学任务。

（一）组织教学的能力

组织教学的能力是指教师能激发学生的学习兴趣、集中学生的注意力、灵活调节教学过程、活跃课堂教学气氛、控制教学环境、引导学生积极思考、发展学生的创新能力、维护课堂秩序和处理课堂偶发事件等。少儿的特点是好奇心强，注意力集中时间短，好动，尤其是进行少儿趣味田径运动时，由于新颖的器材，多变的形式，少儿容易出现兴奋过度的情况。这就特别需要少儿趣味田径指导员能运用语言、图示和口令等形式有效地组织学生，引导他们积极有序地参与课堂活动，提高课堂效率。

（二）组织课外活动的能力

学生所接受的教育活动，不仅仅局限于体育课堂，课外体育活动也是开展少儿趣味田径运动的一个很好的形式。教师应有能力组织并指导学生积极参与这些活动，使之形成人人参与、自己动手、发挥特长和积极参与运动的良好氛围。

（三）较强的教研能力

教师不能做"教书匠"，而应该成为教书育人的专家，成为教育教学研究的复合型人才。教学研究能力也是教师应具备的基本素质之一。少儿趣味田径指导员尤其要

利用目前少儿趣味田径在国内处于良好的推广发展时期，努力把少儿趣味田径的教学和教研结合起来，总结自己积累的前期经验，使其升华为理论，成为规律性的共识。同时，也要对教学中出现的种种问题，进行理论研究，进而探索和发现新的教学规律、教学方法和教学模式。

三、较强的田径运动业余训练工作的技能

少儿趣味田径指导员通常要担任校内外田径队或某个项目运动队的课余练习指导工作。所以，作为少儿趣味田径指导员的教师，应该具备一定的指导学生进行练习的技能。值得注意的是，少儿趣味田径指导员更多的时候是担任短期（1~3个月）集训的训练指导工作，所以，少儿趣味田径指导员应该熟练掌握制定短期训练计划的方法和短期训练的基本规律，以及具备相应的组织管理能力。当然，这一切都必须是结合当时、当地的实际情况，且不违反少儿成长的发展规律才会有很好的效果，不能以追求一时利益而损害少儿的长期发展。

四、社会工作能力

近几年，国家体育总局田径运动管理中心和国际田联地区发展中心·北京等部门，每年都举办少儿趣味田径指导员培训活动和少儿趣味田径运动比赛，少儿趣味田径指导员应该积极参加这些竞赛和培训活动，加强和各部门的交流，以促进少儿趣味田径运动深入开展。

（本章执笔者　杨　丹）

参考文献

[1] 周西宽. 体育基本理论教程 [M]. 北京：人民体育出版社，2004.

[2] 何志文，杨大宁. 从我国青少年学生体质健康的现状透析开展阳光体育运动的意义 [J]. 体育科技文献通报，2008，16（1）：77-78.

[3] 教育部，国家体育总局，共青团中央. 关于开展全国亿万学生阳光体育运动的决定 [Z]. 教体艺 [2006] 6号，2006-12-23.

[4] 杨贵仁. 学生体质健康标准演变与发展的理性思考 [J]. 中国学校体育，2006，5：1-5.

[5] 李鸿江. 田径运动高级教程 [M]. 北京：高等教育出版社，2010.

[6] 张贵敏. 田径运动初级教程 [M]. 北京：人民体育出版社，2007.

[7] 李树君. 中学田径教材教法与训练法 [M]. 沈阳：辽宁教育出版社，1991.

[8] 周红萍，苏家福. 娱乐化田径教学指南 [M]. 北京：北京体育大学出版社，2005.

[9] 陈小蓉. 体育创新学 [M]. 上海：同济大学出版社，1994.

[10] 全国体育学院教材委员会. 体操（体育学院普修通用教材）[M]. 北京：人民体育出版社，1991.

[11] 王素梅. 小学体育与健康课教学指导 [M]. 北京：北京体育大学出版社，2004.

[12] 李翅鹏. 义务教育小学体育与保健课本 [M]. 杭州：浙江教育出版社，2004.

[13] 王启明，王海燕，李建英. 中学体育与健康教材教法 [M]. 北京：人民体育出版社，2008.

[14] 李东升. 最新学校体育教学与竞技项目训练使用操作范例丛书-学校成功体育教学方法理论探索与范例 [M]. 北京：体育科学出版社，2006.

[15] 李鸿江，徐向军. 青少年田径训练科学化——各年龄段训练方法与手段案例 [M]. 北京：北京体育大学出版社，2011.

[16] 毛振明. 实用学校体育学 [M]. 北京：北京师范大学出版集团，2009.

[17] 毛振明，陈海波. 体育与教学方法理论与研究案例 [M]. 北京：人民体育出版社，2006.

[18] 义务教育小学体育与保健教学参考书（各水平）[M]. 杭州：浙江教育出版社，2004.

[19] 曲宗湖. 体育教师的素质与能力 [M]. 北京：人民体育出版社，2002.

[20] 毛振明. 探索成功的体育教学 [M]. 北京：北京体育大学出版社，2001.

[21] 李铁录，孙楠，等. 国际田联少儿（趣味）田径指南 [M]. 北京：国际田联地区发展中心·北京，2009.

[22] 李铁录，孙楠，等. 国际田联少儿（趣味）田径教学卡片 [M]. 北京：国际田联地区发展中心·北京，2009.

[23] 樊临虎. 21世纪体育教师基本素质构成要素的研究 [J]. 扬州大学学报高教研究版，2001，5（1）：20-23.